JN120038

「こどものまち」で世界が変わる

日本中に広がるその可能性

番匠 一雅／岩室 晶子
花輪 由樹／小田 奈緒美

萌文社

本書は
出版にあたり田園調布学園大学より
出版助成金をいただきました

「こどものまち」で世界が変わる

——日本中に広がる　その可能性

はじめに――キミがいないとこの「まち」は、はじまらない

初めて「こどものまち」を知ったときのワクワク感が忘れられません。大人に口出しされず、自由に解き放たれた子どもたちが、話合いながら、一から新しい「こどものまち」をつくったら、どんな「まち」が生まれるのでしょう。既成概念いっぱいの大人の社会に、すてきな「まち」の取り組みのヒントを与えてくれるかもしれない……。

実施して改めて振り返ると、「こどものまち」の影響は、私たち大人にも、現実の「まち」にも、たくさんの変化を与えてくれると知り、この本をつくろうと思いました。

遊びの中から生まれる新しくユニークな発想、誰かのために仕事することの楽しさ、役に立つことの喜びを「こどものまち」に関わるみんなで話合い、合意形成しながらつくる……。現実のまちも本来そうやって生まれているはずです。

この本を読んで、もしもあなたの暮らす「まち」に「こどものまち」があったら、大人の方は、ぜひ行ってお手伝いしてみてください。また、まだ「こどものまち」がなかったら、ぜひ新しくつくってください。日本中の子どもたちがその地域の「こどものまち」を経験する場があったら……。きっと、大人も子どもも、みんなが主体的

に「まち」に関わることが当たり前になって、私たちの暮らすリアルな「まち」も、よい「まち」になっていくに違いないのです。

私が関わる「ミニヨコハマシティ」の子どもたちと一緒につくった、「まち」のテーマソングの歌詞の一部分を紹介します。「キミがいないとこのまちははじまらない」というフレーズは、すべての人を包括したダイバーシティそのものです。

この本を読めば、「こどものまち」が大人も子どもも地域も巻き込む、包容力のある活動だということが、きっとわかっていただけます。

＊　＊　＊

♪はじめてキミと出逢った日から
世界がすこしずつ変わっていく
生まれたばかりのこのまちで
さあ　なにしよう　なにつくろう
泣いたり笑ったり　けんかして仲直り
すべてが大切な宝物だよ
キミがいないとこのまちは　はじまらない♪

岩室　晶子

もくじ

第2章　「こどものまち」が変えるもの

第3章

「こどものまち」のつくりかた

第5章 「こどものまち」が未来を変える！

付録

「こどものまち」参考資料

第1章

「こどものまち」の広がり

みなさんは「こどものまち」というとどんなものを思い浮かべますか？　お店やさんごっこや段ボールでの家づくりなどがイメージされるでしょうか。

これから紹介する多様な「こどものまち」が、子どもたちだけでなく、それをサポートする大人たちをも魅了し、本物の「まち」を変えていくかもしれない取り組みであることを知ったら……。

きっとあなたも「こどものまち」に関わりたくなること、間違いありません！

一 「こどものまち」はドイツからはじまった

じつは「こどものまち」には、今のところ決まった定義はありません。「こどものまち」は大人が裏方スタッフとなり、子どもたちを集めて実施しているのですが、大人は「みんなでまちをつくろう！」と呼びかけるだけだったりします。決まっているのは開催場所と期間、予算規模くらいでしょうか。大人が決められることなんて、そんなことくらいなのです。定義がない「まち」、決まっていることがない、何が起こるかわからない「まち」ってワクワクしますよね。そう、「こどものまち」は、子どもたちが自分たちでつくる「まち」なのです。

まず、はじめに「こどものまち」がどんなふうに始まり、現在どんな「こどものまち」があるのか、を解き明かしていきましょう。

最初の「こどものまち」は、ドイツのミュンヘン市から始まりました。ドイツの「こどものまち」である「ミニ・ミュンヘン」は、2年に1回、夏休みの3週間に開催されています。

私がミニ・ミュンヘンに行ったのは2008年8月でした。子どもたちが生き生きと「まち」を行き交い、仕事をしたり遊んだり。「こどものまち」のお金「ミミュ」が流通する「まち」には、さまざまなお店がたち並び、そこで子どもたちが楽しそうに仕事し、対価を得て、買い物をしたり、遊んだりしていました。

ミニ・ミュンヘン会場

（1）ミニ・ミュンヘンが生まれた理由

ミニ・ミュンヘンが生まれるおよそ10年前、１９６８年のドイツで学生たちを巻き込んだ「過激な反体制運動」が起こりました。政府に反発した若者が現実のまちなかで石を投げるなどの過激な行為をしていました。そんな行為に反発した美術系の教師とその学生たちが、「自分たちは通りで石を投げるのではなく、まちに出て子どもたちと路上で絵を描く」「攻撃的な活動ではなく、絵筆をもち、アートで言いたいことを訴える」と、まちなかでアート活動をはじめたのです。そこで生まれた「ペタゴーギュッシュ・アクション（以下ＰＡと略）」というグループがミニ・ミュンヘンをのちに立ち上げることになります。

ＰＡは、１９７２年ミュンヘンオリンピックが行われたとき、ミュンヘン市から任され、オリンピック会場周辺に子どもたちの遊び場をつくることになりました。ＰＡは、それまでも「プレイバス」という名の車にいろいろな遊びの道具を積んで、現実のまちなかに出張するプログラムを展開していました。その遊びの種類は、映画のま

ち、劇遊び空間、博物館を遊び知る、中世の時代のように暮らしてみようなど、30ぐらいあったのです。その中の1つに、「こどもの遊びのまち」のプログラムがありました。それが現在のミニ・ミュンヘンの原型です。

そして、1979年、ユニセフ国際児童年を記念して、ミュンヘン市が行うイベントとして、「こどもの遊びのまち」のプログラムが選ばれたのです。それまでの活動の中で行われていた、1日から2日間の規模の「こどものまち」が拡大されて、夏休みの3週間の間連続して、「遊びのまち ミニ・ミュンヘン」(Play City Mini-Munich)が開催されました。まちの名前ミニ・ミュンヘンも子どもたちの投票で決まりました。

ちなみに、ミニ・ミュンヘンを実施したPAの最初の活動は、「プレイバス」でした。学校や公共施設ではなく、まちの中の広場や公園などに出かけていって、美術系教師や学生たちが遊び教育をする「プレイバスプレイムーブメント」は、ドイツだけではなくヨーロッパ各地に影響を与え、日本では「プレイパーク」や「冒険遊び場」の活動にも大きく影響を与えています。

(2) ミニ・ミュンヘンってどんな「まち」?

ミニ・ミュンヘンは、ドイツのミュンヘン市で、2年に1度、夏休みの3週間、土日を除き毎日開かれる、子どもたちの「遊びのまち」です。開催会場は変化していま

ミニ・ミュンヘンで家を建てる市民

すが、基本的に室内のアリーナと屋外の公園の組み合わせで実施されています。7歳から15歳までの子どもたちが無料で参加でき、1日におよそ2000人から3000人の子どもが訪れます。最初に「まち」に来るとミニ・ミュンヘンの市民登録をし、オリエンテーションを受けたら、仕事を探しにジョブセンターに行きます。

子どもたちが運営するこの「まち」で、4時間の仕事と4時間の学習をすると上級市民になれ、選挙権や運転免許（人力タクシー）、起業許可、土地所有などが可能になります。上級市民は一週間に一回行われる市長選挙で投票できます。上級市民でなくても、稼いだこの「まち」のお金「ミミュ」で映画を観たり、お花を買ったり、人力タクシーに乗ったり、ランチを食べたりすることもできます。屋外の敷地では「ミミュ」を貯めた市民たちが本物の家（小屋のような）を建てることもできます。株式に投資したりすることもできるのです。放送局や新聞社もあります。ミニ・ミュンヘンのまちは、子ども市長や子ども議会で合意形成し、運営します。大人はサポートに徹します。

記念イベントとして大規模に行われた1回目以降は、資金不足からしばらく開催することができず、第2回目が行われたのは「国際青年年」の1985年と間があいてしまいました。このときは行政がプロジェクト資金を出し、開催しましたが、次年度以降はできないことが子どもたちに伝えられると、ミニ・ミュンヘンで政治的体験をした子どもたち自身が、ミュンヘン市当局へ陳情するなどのロビー活動をしたので

す。こうして、ミニ・ミュンヘン開催を子どもたちが勝ちとり、それ以降ずっと、2年に1度行われています。

2020年、コロナ禍の中でもミニ・ミュンヘンは中止にしませんでした。子どもたちの意見が取り入れられ、リアルなミュンヘン市の「まち」の中で分散して実施されたのです。ドイツではロックダウンが解除されたばかりの2020年7月から8月の期間、「ミニ・ミュンヘン」は新しい形で開催されました。いつもは1つの会場でまとまって行っていましたが、コロナ禍により、ミュンヘン市内を四つの地区に分けて、全40ヶ所で行われました。オンラインでの申し込み、オンラインでの職探しなどが導入され、各地域に公共施設、お店、映画館、新聞社などが配置され、リモートワークで働く（自宅で取材記事を書く）など、工夫をこらして実施されました。

(3) ミニ・ミュンヘンが大切にしていること

ミニ・ミュンヘンは、以下の4人が創立メンバーです。

・ゲルト・グリューナイズル（ミュンヘン芸術大学卒、1974年ペタゴーギュッシュアクションを設立、その後1990年 Kultur & Spielraum e.V. を設立、2023年現在もミニ・ミュンヘンに関わっている）

・ハイモ・リービッヒ（その後ミュンヘン市の市会議員に）

「ミニ・ミュンヘン」内のカフェ

「ミニ・ミュンヘン」内の銀行

・ハンス・マイヤーホッファー（ミュンヘン市青年部長、現在引退）
・ヴォルフガング・ツァハリアス（メルセブルグ大学特任教授、２０１８年没）

彼らは繰り返し「ミニ・ミュンヘンは遊びのまちである」と伝えてくれています。４人の中でオピニオンリーダーだったツァハリアス氏は、２００６年に千葉県市川市で行われた「遊びに学ぶまち〜ドイツ・日本こどもの参画交流会」において、基調講演を行っています。そして次のように述べています。

「特に幼児期における遊び心のある学習は、何よりも自己決定的、本質的で好奇心に満ちていてアクティブである〜中略〜これはアメリカの教育哲学者ジョン・デューイの、体験することによって学ぶ Learning by doing という考え方に起因し、遊びは、真剣さと楽しさ、学習とエンターテイメントをつなげる、広い意味での教育の形態である」

１９７０年代のドイツで生まれたＰＡが起こした、「プレイバスプレイムーブメント」についてはすでに前項で書きましたが、ドイツのこれらの遊び教育活動をさらに後押ししたのは、１９８９年に採択された、国連子どもの権利条約でした。国連条約第31条には、「すべての子どもは休息と余暇を過ごし、子どもの年齢にふさわしい遊びやレクリエーション活動に従事し、文化的生活や芸術に自由に参加する権利を有する。その加盟国の政府は、子どもの文化・芸術に完全に参加する権利を尊重し、促進し、文化、芸術、娯楽及びレジャー活動に対する適切かつ平等な機会の提供を奨励す

「ミニ・ミュンヘン」内の裁判

る」とあります。

このあとに登場する日本の「こどものまち」は、ミニ・ミュンヘンをお手本にしているところはたくさんありますが、必ずしもその理念を継承しているとは限らない、と言えるでしょう。もちろん国が違い、環境が違えば、方法も変わってきます。どちらがよいということではないと思います。しかし、「こどものまち」の発祥であるミニ・ミュンヘンがこのような経緯で始まったことは、ぜひ知っておいてほしいと思います。

（岩室　晶子　記）

【参考文献・URL】

・木下勇『遊びと街のエコロジー』（丸善、1996）

二 コロナ禍の奮闘にみる「ミニ・ミュンヘン」の魅力

（1）コロナ禍2020年のミニ・ミュンヘン

2020年前後から新型コロナウイルスの影響により、国内外の「こどものまち」の開催が危ぶまれ、中止が相次ぐこととなりました。このような中、ミニ・ミュンヘンはコロナ禍においても開催に向けて尽力していました。

コロナウイルスが人体にどのような影響を与えるのか、まだ不明な状況の2020年8月には、1つの場所に集まるのではなく、ミュンヘン市内が4つのエリアに区切られ、まちなかで開催されました。ミニ・ミュンヘンは、毎回同じ会場を確保することは難しいようで、これまでもオリンピックパーク（2012年以前、2018年）や工場跡地（2014年、2016年）など、ミュンヘン市内のさまざまな場所が子どもたちの3週間の遊び場として変幻してきました。でも、今回のように分散型のミニ・ミュンヘンというのは初めての試みだったように思われます。主催者は、4つのエリアに散らばった「ミニ・ミュンヘン」をどのようにして繋ぐのか悩んだようです。

2020年のテーマは、〝Mini-München findet STADT! 2020〟（図1）。ここには「ミ

コロナ禍で遊ぶ子どもたち

ニ・ミュンヘンが開かれる」「ミニ・ミュンヘンが都市を見つける」という2つの意味が含まれていたようです。ミニ・ミュンヘンが分散しているからこそ、集約に向かう新たな遊びとして、ミニ・ミュンヘンという何かがさまざまな都市のエリアを覗いてミュンヘン市を発見していくという意味にも取れます。この「ミニ・ミュンヘンが」という主語は、この遊び場そのものであり、ここで遊ぶ子どもたちそのものでもあるのではないでしょうか。

図1　開催ポスター
（ミニ・ミュンヘン2020）

2020年8月29日に、一般社団法人 TOKYO PLAY 主催による、「報告！　ミニ・ミュンヘン現地レポート～40周年を迎えた〈こどものまち〉は、コロナ禍でどう開催されたか～」というオンラインセミナーが開かれました。ベルリン在住でこどもミュージアムでのファシリテーターや遊具デザイナーとして活躍されている桂川茜さんによる講演で、ミニ・ミュンヘンに初めて訪れた目線から、今回のミニ・ミュンヘンの特徴を「①分散型」「②オンライン」「③人数制限」「④飲食」「⑤40周年」というキーワードで報告されました。以下では、その内容について私なりのコメントも入れながら紹介したいと思います。

①分散型

コロナ禍で移動の制限や懸念などがある中で、子どもたちが1つの場所に集まれないのであれば、ミニ・ミュンヘンが子どもたちのところに行く！　というコンセプトで実施が決まったそうです。ミニ・ミュンヘンを日本に紹介するキーパーソンとなった木下勇氏（千葉大学名誉教授）によれば、もともとドイツの遊び場はオクトーバーフェスト（ビール祭）などの時に、観覧車などの移動式遊園地が設置されるため、「遊びがやってくる」という感覚が根づいているとのことです。今回のこのコンセプトも、何かその精神に近いものがあるように思われました。

4地区に分かれたミニ・ミュンヘン2020

分散型においては、ミュンヘン市内を4つの地区・40か所に分けて開催し、どの地区にも区長・区役所の存在があり、また映画館などの娯楽の場もつくられるなど、年齢が高い子も幼い子も、男の子も女の子も楽しめるように、職業の多様性が担保されたそうです。日本の「こどものまち」でも、どの程度意識されているかは分かりませんが、公共系・ゲーム系・飲食系などの種類別の他に、遊ぶ側の属性を意識しながら、ままごと系、競争系、知識習得系などさまざまな興味・関心をもった子どもが楽しめる「まち」になるといいなと思います。でもミニ・ミュンヘンと違って日本の場合は、準備段階から子どもが関わることが多いため、「まち」づくりについてどの程度大人が介入するかは、各地のコンセプトに関わってくることでしょう。

ただコロナ禍の4地区に分散した今回のミニ・ミュンヘンは、地区ごとに仕事の数・内容・種類にバラつきがあり、各地区で遊べる内容には差がみられたようです。例えばオリンピック公園のエリアには比較的多くの職業があったけれども、区役所システムの関係で、毎回人気の「結婚式」の開催に悩んだそうです。

ミニ・ミュンヘンの元主催者であるカーラ・ツァハリアスさんによれば、今回の分散型について、以下のように評価されています。ミニ・ミュンヘンは、夏のこの時期に遊びに行けない子どもたちが、「まち」の中で思いっきり楽しむという理想のもとに誕生しました。今回の「ミニ・ミュンヘン２０２０」も、子どもたちが自分の家の近くで「まちをつくる遊び」が体験できただろうけれども、やはり多くの人が同じ場所に集まることで複雑な遊びが生まれていくので、だからこそ、これまでのように１つの場所で開催される方がいいのではないかとのことでした。この言葉の奥には、ミニ・ミュンヘンとして何が譲れないことなのか、その輪郭が少し垣間見えたように思います。

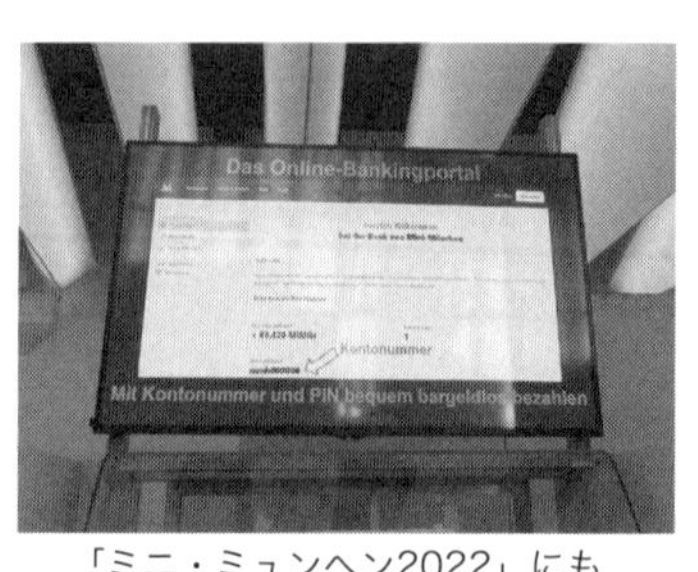

「ミニ・ミュンヘン2022」にも
引き継がれたオンラインシステム

②オンライン

２０２０年より、コロナ禍のミニ・ミュンヘンには、オンラインプラットフォームが開設されました。ミニ・ミュンヘンで遊んだことがあるＩＴに強い若者たちが構築に関わり、サーバーダウンへの対応やオンラインが使えない子どもも参加できるようにアナログでもできるように調整したり、２５０人ほどのスタッフ全員が理解して使えるような工夫がなされたようです。

オンラインプラットフォームは、ミュンヘン市の地図が表示され、各地区の仕事の空き状況が確認できたり、ラジオ・テレビ・新聞などのメディアをオンラインで利用でき、各地区で起こっているニュースを知ることができたり、銀行がオンラインバンクシステムになり、給料がオンラインで支払われるようになったり、自宅で仕事ができるリモートワークも導入されたりしたそうです。

ここには、オンラインを活用した今回のミニ・ミュンヘンが初めての参加となる子どももいれば、前回の大きな1つの会場での「ミニ・ミュンヘン2018」を知っている子どももいたことでしょう。大人スタッフたちは前回のミニ・ミュンヘンのような一体感をどのように作ることができるか奮闘していたようです。分散して失ってしまうものは何か、分散してもそれはミニ・ミュンヘンなのか、どうやってミニ・ミュンヘンをミニ・ミュンヘンとしてやっていくのか、といったことについて悩み議論したそうです。例えばミニ・ミュンヘンをつくってきたものには、市民バス、タクシー、大学などがあります。まちなかで分散して行うということは、これらをどう繋ぐのか、または繋ぐ意味があるのか、そもそもミニ・ミュンヘンとは何をもってミニ・ミュンヘンになるのかさまざまな模索が続いたことでしょう。

また新たな側面で言えば、まちの中での開催は、子どもたちにとっては、これまで知りえなかったミュンヘン市の場所を探検していく機会ともなります。日本でも商店街などで「こどものまち」が開催されることがありますが、これは副次的に子どもた

アームバンド待ちの人々（ミニ・ミュンヘン2018）

ちが地域を知る機会にもなっていると言えます。ミニ・ミュンヘンの場合は、これまでまちの中でオープンに実施するというよりは、クローズな空間の中で開かれてきました。「子どもたちだけの世界」を確保することで、まるでテーマパークにいるような限定的な時空間の中で、遊びの可能性に挑戦してきたようにも思います。したがって、まちなか分散型の２０２０年のあり方は、これまでのミニ・ミュンヘンとは違う「新ミニ・ミュンヘン」の登場であり、そして、オンラインプラットフォームとセットになることで、新しい「子どもたちだけ（しか知りえないハイブリッド）の世界」という時空間が創造されたと言えるでしょう。

③人数制限

ミニ・ミュンヘンではこれまでも毎回、人数がオーバーしすぎないように、会場の入口で、アームバンドを渡して入場者数の調整を行っていました。コロナ禍の屋内空間においては面積毎に厳しい人数制限があったため、雨天などの悪天候の際には、各地区の入場定員数を少なくしたそうです。なぜなら雨天時は、室内遊びが中心になるため、配布数を極端に少なくする必要があり、先着順の入場となっていったようです。

このような人数制限について、日本では事前予約制をとる「こどものまち」も見られますが、ミニ・ミュンヘンの場合は、事前予約制にすれば効率的だけれど、できるだけオープンにするため、予約制にはしなかったそうです。これはミニ・ミュンヘンがなぜ始まったのかということと関わっているようにも思います。もともとミニ・ミュンヘンは、ミュンヘン市内でバカンスに行けない貧しい子どもたちにお昼ご飯も食べられて楽しく過ごせる遊び場を提供するというスタンスで始まっていることから、子どもたちが無料で入場でき、金銭面で親への同意を求めることなく、自分の意思で遊び場にアクセスする権利が確保されているのです。さらに、いつ来ても、どのくらい仕事をしても、いつ帰ってもよい、という子ども自身が自分の時間を管理する権利も尊重されています。

FETTE SAUのメニュー（ミニ・ミュンヘン2022）

④飲食

ミニ・ミュンヘンでは毎年〝FETTE SAU（ドイツ語で太ったメス豚）〟という恒例のレストランが開かれますが、今回は開店できなかったようです。代わりにスポンサーの各企業からランチパックが提供され、子どもたちの仕事ではそのランチパックに好きな絵を描いて販売するという職業が存在したようです。

飲食についてもう少しどのようなようすだったのか気になり、「ミニ・ミュンヘン２０２０」のホームページを見ると、「子ども向けのドキュメンテーション」があり、そこには〝RENN SAU（ドイツ語で走るメス豚）〟といった文言がみられました。また「ランチパックについての報告」という文章が添えられ、今年はまちなかでランチパックを提供する「走るメス豚」がいて、キオスクでは5ミミュで販売しており、果

REPORTAGE LUNCHPAKETE

MiMüz

Ab diesem Jahr in Mini München gibt es Lunchpakete zu verkaufen. Da wir dieses Jahr Corona haben gibt es nicht mehr die fette sau sondern Die Renn Sau – die alle Stadtteile mit Lunchpaketen versorgt. Wir haben einigen Verkäufern des Kiosks über die Lunchpakete gefragt. Hier sind unsere Ergebnisse – Ein Lunchpaket kostet 5 MiMü – wir finden diesen Preis angemessen da das Lunchpaket sowol Obst als auch Gemüse Ein Getränk und Eine Breze enthält. In Mini München WEST werden pro Tag 30 Pakete geliefert davon werden 15 – 20 verkauft. Die Lebensmittel kommen aus ökologischem Anbau z.b. - Hofpfister, Andechser und Rewe Bio. Jeden tag gibt es einen neuen Inhalt des Lunchpakets. Jedes Paket pro tag.enthält das selbe.

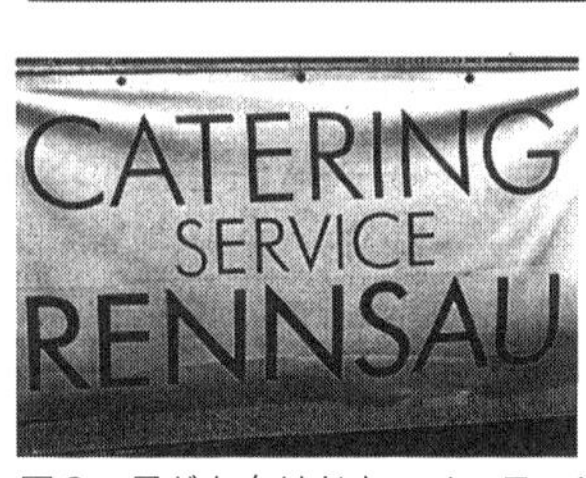

図２　子ども向けドキュメンテーション（ミニ・ミュンヘン2020）

物と野菜とドリンクとプレッツェルが含まれていると記載されています。さらに、４地区のうちの１つである西地区では、30個のランチパックが運ばれ、そのうち15～20個ほどが販売されるという情報や、ランチパックの中身は有機農業によるもので、毎日新しい内容のものになるということも書かれています（図２）。

たとえコロナ禍であっても、〝SAU（メス豚）〟というミニ・ミュンヘン食堂の象徴を遊びのアイテムとして引き継いでいく仕掛けは、思わず、あっぱれ！　と言いたくなります。

⑤40周年

１９７９年に開催初年であったミニ・ミュンヘンは、２０１９年で40周年を迎え、その記念に〝DIE SPIELSTADT〟も刊行されました。２０２０年のミニ・ミュンヘンは、当初の予定では世界の「こどものまち」からゲストを招待する予定でしたが、コロナ禍でそもそもミニ・ミュンヘンの開催が危ぶまれました。ドイツ国内の「こどものまち」も中止や延期になる中で、２０２０年5月8日にミュンヘン市から開催許可がおり、7月27日より3週間、第20回のミニ・ミュンヘンがスタートしました。

40周年の記念に、水曜日から金曜日まで〝大人のための Spielstadt〟が開かれ、かつて子ども時代に参加した年のパスポートがもらえるというイベントがあったそうで

“大人のためのSpielstadt”で配布されたパスポートと通貨
（桂川さん資料提供）

電子書籍DIE SPIELSTADT
（2020）

す。当時のことを思い出して絵を描いたり、テキストを書いたりして記憶を辿ると通貨ミミュをもらうことができます。ミニ・ミュンヘンに子ども時代に参加したことがない大人は、ミニ・ミュンヘンについて紹介を受け、それらの学びを終えると通貨ミミュをもらうことができます。

　ここのブースにいたスタッフによれば、コロナ禍において開催できてよかったが、「まち」というものが見えなくて寂しいという感想があったそうです。でも「まち」が見えなくても、子どもたちのようすから「まち」を認識していることを感じ取ることができるし、旅行会社が他の地区に行けるツアーを組んだり、往来を促す仕掛けが見られたようです。このような「まち」を意識させる仕掛けというのは、今回だけでなく従来のミニ・ミュンヘンにおいても大人たちによって意識されていたように思います。例えば隣のブースに仕事をお願いする際に、郵便局を通じて手紙を出して依頼するなど、大人スタッフが子どもたちに働きかけて「まち」を意識させる（まわしていく）取り組みが多々見られました。

　どの子どもたちにも楽しい夏休みを提供するのだというコンセプトのもと、効率性ではなく時間をかけて「まち」を意識さ

ガーデナーの仕事

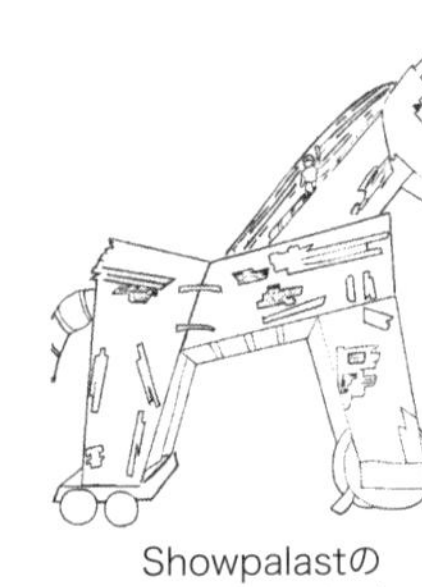
Showpalastの
馬のモニュメント

せ、遊ばせていくことが、この40年で展開されてきており、今回のコロナ禍において改めてその姿が浮き彫りになったように思われました。

(2) コロナ禍2022年のミニ・ミュンヘン

２０２０年の分散型やオンライン活用により、なんとか「遊びの都市」を継続させてきたミニ・ミュンヘンですが、注目すべきはそのハウツーではなく、コロナ以前より「すべての子どもたちが、無料で、自由に遊びたい意思を表出できる場として、そういった場をいかに確保するかを考えてきた」というコンセプトにあります。コロナ禍などの災害時においては、目を向けられにくい子どもたちの時空間を考える際に、今一度、注目してみたいものです。

２０２２年8月のミニ・ミュンヘンは、Showpalastという馬に関するさまざまなモチーフが設置されている大きな１つの会場を使って開催されました。普段ここではさまざまなショーが行われています。ミニ・ミュンヘンの仕事は毎回60種類ほど存在し、開催場所や関わる職人の有無にあわせて若干の変更がみられます。

ミニ・ミュンヘン２０２２では、乗馬士から話を聞き、木馬を使って乗馬の仕方を学ぶ仕事もありました。また毎回見られるガーデナーの仕事では、乗馬用グラウンドの周辺土壌を活用して植栽の仕事が追加されていました。ここに植えられた植物は終

簡易手洗い場

映画館でのオンラインPay

了後も片付けなくてよいようで、この場所にミニ・ミュンヘンの形跡が残り続けることになります。このように開催場所にあわせて仕事が追加・変更されるようすも見られました。

コロナ対応としては主に3つのことが行われていました。1つ目は、大人スタッフは医療用のＦＦＰ２マスクを着用して厳重に対応していました。子どもたちはマスクをつけている人は少なかったですが、これは開催期間の２０２２年8月のドイツは、交通機関以外は任意の着用状況であったことが影響していることがうかがえます。２つ目は、会場のあらゆる場所に簡易手洗い場が設置されていました。３つ目は、一部店舗のみではありますが暗証番号を入力してオンラインｐａｙが取り入れられていました。このオンラインプラットフォームは、前回の２０２０年に、元ミニ・ミュンヘン参加者の若手スタッフによって開発・整備されましたが、主に仕事の割り当て・雇用・終了の管理、賃金の支払い処理、一部店舗でのオンラインｐａｙ、ミニ・ミュンヘンのさまざまなニュース（市議会の候補者の情報取得、ＴＶ局やラジオ局のオンライン視聴）などの取得に活用されたようです。

このＣＯＶＩＤ－19は、リモートにより、どこからでも「ミニ・ミュンヘン」に参加することを可能にしたとも言えます。

（花輪　由樹　記）

［参考文献・ＵＲＬ］

- “Mini-München2020” MüTivi
  https://vimeo.com/544554240（２０２３年３月30日確認）
- “Dokumentationen Mini-München findet STADT! 2020” Kultur & Spielraum e.V.
  https://www.mini-muenchen.info/rueckblick2020/（２０２３年３月30日確認）
- 「子どもによるまちづくりイベントの元祖「ミニ・ミュンヘン」がコロナ禍でさらに進化」AMP ビジネスインスピレーションメディア
  https://ampmedia.jp/2020/09/05/mini-munich/（２０２３年３月30日確認）
- 「夏休み・４０００人の子どもの街〈ミニ・ミュンヘン〉分裂、不正選挙、遠隔コミュニケーション。２０２０年７月27日〜８月16日の記録」HEAPS
  https://heapsmag.com/mini-munich-city-by-kids-2020-diary（２０２３年３月30日確認）
- 「ミニ・ミュンヘン現地レポート〜40周年を迎えた「こどものまち」は、コロナ禍でどう開催されたか〜」TOKYO PLAY
  https://tokyoplay-event-minimunchen.peatix.com/（２０２３年３月30日確認）
- “Kinderdokumentation” Kultur & Spielraum e.V.
  https://www.calameo.com/read/00049791341f8e93d6bda（２０２３年３月30日確認）

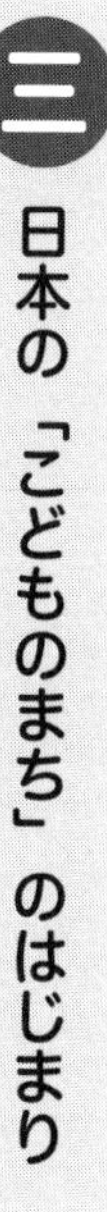

三　日本の「こどものまち」のはじまり

（1）「ミニさくら」からの広がりと、「ミニ香北町」の存在

「こどものまち」といえば、そのはじまりは２００２年の千葉県佐倉市の「ミニさくら」をイメージする人が多いのではないでしょうか。もちろん現在も継続実施されている「まち」としては最古となります。そして、「こどものまち」という存在が世の中に知られるようになった頃、その実態を探ろうと、どこの地域の人も開催する前には、まず「ミニさくら」に訪れた人が多いことでしょう。

しかし、日本で最初の「こどものまち」は、１９９７年に高知県香美郡香北町（現・香美市香北町）で行われました。ここはアンパンマンの作者で有名なやなせたかし氏のふるさとであり、今や全国にオープンしているアンパンマンミュージアムの第一号が建設された場所でもあるのです。そのミュージアムの設立１周年記念のイベントとして、数か月の準備を経て、２日間の「ミニ香北町」が開催されました。町の人口は６０００人に満たない状況の中、当日は２日間で１１００人の来場があったようです。

表１　「ミニ香北町」をつくるまでの手順

1	子どもたちが実際に住んでいるまちの好きなところ、嫌いなところをあげてもらう
2	子どもたち自身が住みやすく、楽しんで遊べるまちにするアイディアをだしてもらう
3	上記２のアイディアを「ミニ香北町」として実現する方向で、まちを構成する要素を考えてもらう
4	子ども達自身が運営できるように自分の担当する店を決めてもらう
5	担当した店舗のデザイン案を考え、模型をつくってもらう
6	模型の店を並べ、「ミニ香北町」という１つのまちをつくる
7	２メートルほどの巨大ダンボールで実際に店づくりをしてもらう
8	店内の商品づくり、店舗の経営方法、役割分担などを決める

表２　「ミニ香北町」の店舗

1	入国管理局
2	銀行
3	職業紹介所
4	役場
5	テレビ局
6	レストラン
7	ギャラリー
8	スーパー
9	工房（神のおもちゃや染物、絵画などを製作）
10	ペットショップ
11	ゲームセンター
12	プリクラルーム
13	カラオケ

※表１、表２は『子どもの成長と環境——遊びから学ぶ』（昭和堂、2003）をもとに筆者作成

「ミニ香北町」は、ミュージアムをプロデュースしたコンサルタントや、地元の青年団の協力を得て、地元の小学生の子どもたちとともに準備をしてきました。この企画を提案し、ワークショップの進行を進めたのが内藤裕子氏です。内藤氏は東京都立川市において２００７年より「ミニたちかわ」の「こどものまち」も立ち上げています。『子どもの成長と環境——遊びから学ぶ』（昭和堂、２００３）によれば、「ミニ香北町」をつくるまでの手順が紹介されており、13のブースがつくられました（表1および表2参照）。

準備段階では、毎回、子どもたちのワークショップの後に大人の検討会が開かれ、実際の製作段階では、子どもとともに店舗づくりを行うなど地元の大人のバックアップ体制が強力だったようです。２日間の開催期間中は、町外からの参加もあり、「まち」に仕事がなくなって大不況になるなど、職業紹介所には子どもの列ができていたそうです。

「こどものまち」とは何かを考える人たち

お仕事探しの列

（２）「ミニ香北町」はなぜ開催されたのか

『月刊ミュゼ』（１９９７・12）によれば、「ミニ香北町」は単なるイベントとして行われたわけではありません。平成８（１９９６）年7月にミュージアムが開館して以降、約40万人の来場者を迎えるなどミュージアムとしては好調でしたが、町内からの来館者は3組のみという、地域に根付いた施設となっているのか課題が生じていました。このことからミュージアムと地域を近づけるようなイベントが目指され、それが日本で初めて開催された「こどものまち」の「ミニ香北町」でした。地元の人にこの企画を説明した際には、ミニ・ミュンヘンは大人だけで準備しますが、これは子どもが考えて本番の運営を行うことや、そこに大人が一緒になってともに創ることがオリジナルであると提示したようです。

「まち」をつくる事前ワークショップの第1回目には9名の子どもしか参加者がいませんでしたが、学校の朝礼などに学芸員が出向くと、最後の方のワークショップでは40名を上回るほどの参加となりました。理想の「まち」を考えていく際には、「まち」の基本機能（スーパー、レストラン）と「まち」での楽しみ（ゲームセンター、カラオケ）がアイデアとして出てきたようです。ここには香北町のアンパンマンミュージアムのように観光客が遊ぶための施設というよりは、住民目線での「まち」の機能が提案されたようです。

また、企画者である内藤氏のブログによれば、「ミニ香北町」について、そのはじまりが次のように記されています。

「10年前、高知のアンパンマンミュージアム1周年記念に何か子どものためのイベントをしたいという事で、その前年に見学に行った、ミニ・ミュンヘンの紹介をしたところ、実施することになったのが、この〈ミニ香北町〉です。8月に企画を立ち上げ、9月~11月まで7回の子どもワークショップを、約40人の地元ボランティア、東京からの6人のプロスタッフがささえながら進行。11月末の3連休に実施しました。」

(3)「ミニ香北町」はなぜ継続されなかったのか

2011年9月と11月の2回にわたり、香北町役場の元職員でありアンパンマンミュージアムの前館長のもとを訪ねたことがあります。「ミニ香北町」に関するビデオ映像や写真、企画書・報告書、新聞記事などの多くの資料を見せていただき、当時のようすをうかがいました。

まずアンパンマンミュージアムの設立にあたり、コンセプトは子どもたちが最初に出会う場所として「森の中にある小さな箱のような建物が欲しい」と注文したようです。さまざまな企業からプレゼンを受けましたが、アミューズメント性が出過ぎてい

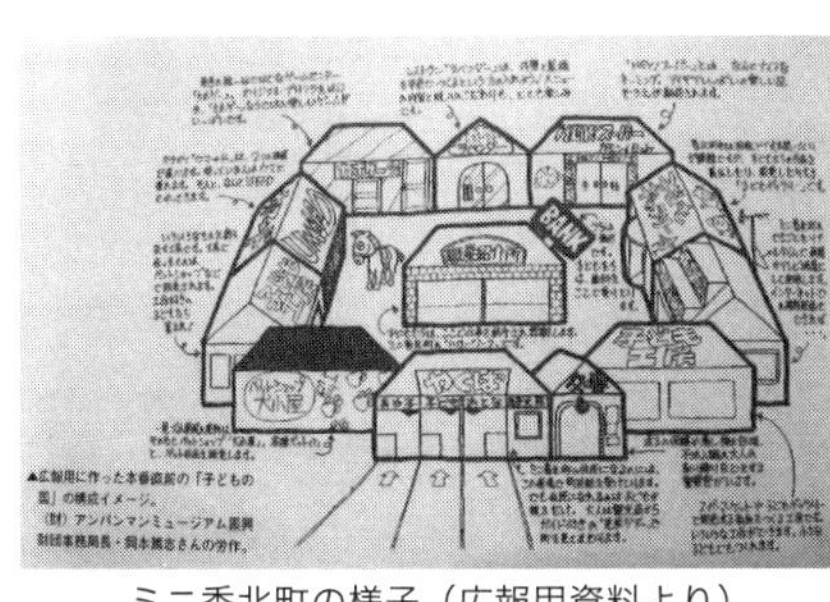

ミニ香北町の様子（広報用資料より）

るものばかりで、その中で選ばれたのがトータルメディア開発研究所の企画でした。そしてここが主催となり、ミュージアムの総合プロデュース、展示企画・制作が行われることになりました。

そもそもミュージアム構想は、役場で町民のための総合文化会館をつくろうという話がもちあがり、出生地であるやなせ氏の絵を飾るコーナーも欲しいという案から始まりました。やなせ氏に相談すると、全作品を寄贈いただけるとなったので、こうなったらやなせ氏の記念館をつくろう！　となったそうです。ミュージアムが住民の人に愛されるものになるよう、建設時点から何度かワークショップも開催され、設立自体には反対はありませんでした。また設立後も、町内の中学生までの子どもに無料パスポートが配布されるなどの工夫がなされました。しかし１９９６年7月に開館後は、県外からの訪問者が多く、町内からの来館者は少ない結果となりました。ミュージアムが今後も継続した集客ができ、かつ「子どもたちが生き生きと輝けるもの」をイベントで実施できないか模索していたところ、トータルメディアの方でミニ・ミュンヘンのことを提案されたそうです。

「ミニ香北町」を開催するにあたり、子育てボランティアや20―30代の青年団、まちづくりに関わっている香北町の人、手に職をもっている人に声をかけました。そして東京のトータルメディアの人たちから指導を仰ぎながら、班に分かれて子どもたちと関わっていき、事前準備からともにブースをつくりあげる作業が行われていきまし

「ミニ香北町」のバス送迎

た。大人が関わる際には、中心に動くのは子どもで大人は裏方に徹するスタンスをおきましたが、初めてのことで戸惑ったといいます。4回の「こども会議」の中で、呼びかけた子どもは香北町内の2つの小学校であり、そのうちの1つは山の中にあるためバスで送迎なども行われました。

「ミニ香北町」を実施してみての感想は、子どもは充実感にあふれ、大人は疲れ果てていたとのことです。当日のイベントは「ミニ香北町」以外にも、プロの漫画家による講演会や県外の漫画ミュージアムとの交流会なども企画され、費用も全体で1500万ほどかかったこともあり、行政として続けていくのには無理があったようです。またトータルメディアのサポートによるさまざまなノウハウの影響も大きく、地元のスタッフだけでは今回の開催が無理だったという印象を持ったとのことです。そして町内のスタッフはお手伝いという感じでの関わりであったようです。

このことから、「ミニ香北町」の継続には、次回も実施できるようなノウハウを得ようとする関わり方が住民たちに希薄であったことや、「子どもたちが生き生きと輝けるもの」をつくるというミニ・ミュンヘンの世界観を模したものに初めて出会い、子どもとの関わり方をはじめ、日本にはない見方・考え方に大きく戸惑い、これを継続する価値を見出せなかったことが考えられます。現在の日本であれば、「こどものまち」と検索したら情報が得られて、その雰囲気や輪郭を事前に掴めますが、初めての誰もやったことがない「こどものまち」の一歩目は、大変な苦労の中で模索されながら実施されたようすが目に浮かびます。

(4)「ミニさくら」はなぜ継続実施されたのか

日本の「こどものまち」は1997年に「ミニ香北町」が高知県で一時的に開催されて以降、1998年に福岡県の志賀島でIPA(子どもの遊ぶ権利のための国際協会)アジア太平洋地域交流集会において、こちらも一度限りの「子ども金印ランド」が開かれました。「ミニ香北町」に関わった内藤裕子氏や、「子ども金印ランド」に関わった園田高明氏は、このアイデアを木下勇氏より得ています。木下氏は日本で最初(1979年)にミニ・ミュンヘンにコンタクトをとった人物とされ、そのようすは『遊びと街のエコロジー』(丸善、1996)で紹介されています。

日本で初めて継続的に実施されるようになった「ミニさくら」(2002〜)のはじまりは、創始者の中村桃子氏が2000年にミニ・ミュンヘンを訪れたことがきっかけになります。中村氏は、1996年にミニ・ミュンヘンを知り、97年〜99年まで世田谷の冒険遊び場で働きながらお金を貯め、2000年の夏に1か月ほど折り紙コーナーのブースを出店しながらミニ・ミュンヘンに滞在したそうです。ここでの体験については、佐倉親子劇場の情報誌『でんでん夢思』に、その臨場感あふれるようすが綴られています。

「ミニさくら」立ち上げの決意

〈報告：その１〉

「ドイツのミュンヘンに、夏休みの間こどもの遊びの街が出現する。こどもが好きな事をしてお金を稼ぎ、それを自由に使う。市長もこどもで市議会も開かれている。――私がこの事を知ったのは、今から４年半前。すごい!! おもしろそう！ と思ったのと同時に、信じられない、いったいどんな街なんだろう？ どうしたらそんな事ができるのだろう？ と思った。そしていつかきっと、この目で見てみたい、と思い続けてきた。」

〈報告：その４〉

「ミニ・ミュンヘンでこども達は、働いて給料がもらえる。もらった給料は自由に使える。しかも、仕事は好きなことを好きなだけやれる。いろいろ試せる。自分が仕切っている、という自信。好きな事を勉強しても給料がもらえる。――オイオイ、そんなにオイシイ話があるかいね？ と思ったが、よく考えてみれば、好きな事をして稼いでいる人はいっぱいいる。学者は勉強（研究）して給料をもらっている。なーんだ！ ミニ・ミュンヘンのこども達のように、生きたい、なぁ!!」

出典　佐倉親子劇場の情報誌『でんでん夢思』

また、なぜ「ミニさくら」を開いたのか、よくいろいろなところで中村氏から発言される素敵なフレーズがあります。「子どもたちがやりたいことを好きなようにやっているだけで、ミニ・ミュンヘンというまちがしっかりとまわっている」「こんな面白いことにこどもの頃に参加できなかったなんて悔しい！」「ミニ・ミュンヘンを私が育った佐倉でやりたい」。このような強い思いを持ちながら開催された「ミニさくら」ですが、当初は継続することを考えていなかったようです。でも、ミニさくら研究会の「ミニさくらの歴史」によれば、「どうしても2年続けて開催したいと願った10代スタッフと数名の大人で実行委員会を組み、主催。（特非）ＮＰＯ佐倉こどもステーションと生涯学習課の多大な協力を得て開催された」とのことです。さらに２００４年にはトヨタ財団や「子どもゆめ基金」の助成を受けるなど、資金面の運営も強化されていきました。また興味をもって関わってくれる子どもスタッフにさまざまな体験の機会を与えていきま

子どもたちの「おねだり」

した。そのひとりが、２００２年の小学校5年生の時に第1回「ミニさくら」に子ども市民として参加し、２００６年にはミニ・ミュンヘンにも訪問したことがある金岡香菜子氏です。運営団体の理事（高校生の時）や、理事長（大学生の時）にも就任し、「ミニさくら」を早くから支える存在となっていました。

「こどものまち」が継続されていくのは、「続けたい」「またやりたい」という多数の声が力となり、それをどうしたら実現できるのかを計画していく繰り返しの共同作業ともいえます。ミニ・ミュンヘンも１９７９年の第1回開催は、国際児童年のミュンヘン市とのコラボ行事であったことから、継続することは特に考えていなかったそうです。でもそれが子どもたちの「またやりたい」という熱意によって動かされ、１９８５年、１９８６年、その後隔年開催へと繋がっていきました。改めて「こどものまち」は、子どもたちの遊びへの「おねだり」を促す装置なのだろうと思わされます。

（花輪　由樹　記）

【参考文献】

- 花輪由樹「日本最初の「こどものまち」の実態――１９９７年「ミニ香北町」の文献記録より」『日本建築学会近畿支部研究報告集・計画系』52巻、２０１２年、４９７～５００頁
- 花輪由樹「日本最初の「こどものまち」の成立背景――「ミニ香北町」主催者へのインタビューより」『日本建築学会大会　学術講演梗概集』２０１２年、２４５～２４６頁

・松澤員子編『子どもの成長と環境――遊びから学ぶ』（昭和堂、２００３）、２４１～２４２頁
・安藤淳一、重盛恭一、内藤裕子「ミュージアムと子どもたちの新しい絆づくり～アンパンマンメッセ'97子どもの国　仕掛け人・３人の報告」『月刊ミュゼ』１９９７年12月、26～28頁
・内藤裕子「子どもがつくるまち『ミニたちかわ』　海外&日本のこどものための活動紹介１」
http://minitachikawa.blog108.fc2.com/blog-entry-18.html（２０２３年３月30日確認）
・木下勇他編著『こどもがまちをつくる』萌文社、２０１０年、20頁
・木下勇『遊びと街のエコロジー』丸善、１９９６
・ミニさくら研究会「中村桃子著・ヨーロッパの子どもの遊び場見聞録　佐倉親子劇場　情報誌『でんでん夢思』」
http://mini-sakura.net/4-essay/index.html（２０２３年３月30日確認）
・ミニさくら研究会「ミニさくらの歴史」
http://mini-sakura.net/3-minisakura/index.html（２０２３年３月30日確認）
・「子どもが主役のまち「ミニさくら」って知ってる？　ＮＰＯ子どものまちが取り組む子育て支援」
https://sakulike.city.sakura.lg.jp/raise/400/（２０２３年３月30日確認）

四 日本の「こどものまち」の現状

(1) 全国の「こどものまち」の開催数

ここでは、全国的な「こどものまち」の現状を紹介します。

　現在、日本には「こどものまち」がどのくらいあると思いますか。継続的な「こどものまち」として「ミニさくら」(２００２〜)が開催されてから約20年間で、３５０か所以上の「まち」が誕生しています。ここでは、各団体の主催者の方に確認をし、掲載不可と回答があった団体を除いた３５６団体(２０２３年12月31日現在)について、見てみましょう。なお、主催者と連絡が取れなかった団体の開催情報については、各団体の公式Ｗｅｂサイトなどの情報をもとに記載しています。

　全国の「こどものまち」の開催分布は図1に示すとおりです。最も開催件数が多かったのは愛知県の83件で、次に東京都の32件、神奈川県の30件が続きました。

図1　全国の「こどものまち」の開催分布(ｎ＝356)

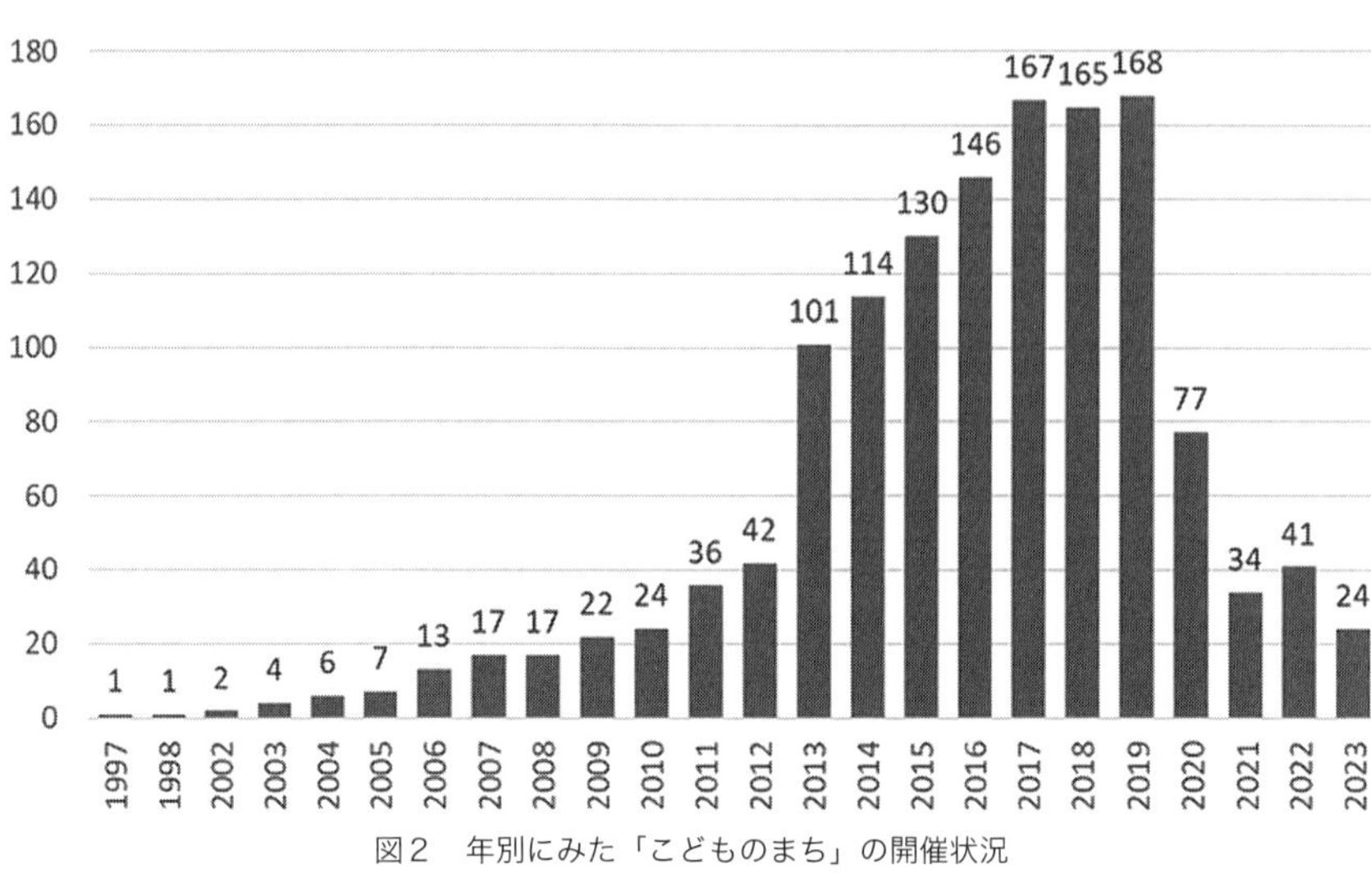

図２　年別にみた「こどものまち」の開催状況

また、地域別にみると、中部地方が34・3%と最も多く、次いで関東地方が約32・3%でした。全体の7割近くの「こどものまち」が中部地方と関東地方で集中的に開催されていることがわかります。次いで近畿地方が14・3%、北海道・東北地方が9・3%、中国・四国地方が6・7%、九州・沖縄地方が3%でした。

次に、図2に年別に見た「こどものまち」の開催状況を示します。これまでに最も開催数が多かったのは２０１９年の１６８件でした。２０１７年以降、１６０件を超える程にまで増加していたことがわかります。特に、２０１２年から２０１３年には50件以上増えており、その後も増加傾向が続いていました。しかし、２０２０年以降をみると、コロナ禍で3密（密閉・密集・密接）を避けることが推奨されたことなどにより、大勢が集まるイベントである「こどものまち」の開催は難しかったためか、大幅に減少していることがわかります。

図3には「こどものまち」の開催時期を示しました。全体的に、気候が良い秋に42・1%と多く開催されていることがわかります。次に多いのが春（18%）と夏（17%）の開催であり、これは春休みや夏休みなどの長期休暇中だと子どもたちが参加しやすいことなど

が影響しているかもしれません。また、日本の多くの「こどものまち」は、イベント本番までに事前に子どもたちが集まり、「まち」の運営を考える「子ども会議」を行うことが多いため、準備期間として3～6か月程度かかるとすると、春頃から準備を始めて気候の良い秋に本番を行うのがスケジュール的にも実施しやすいでしょう。特に、開催の資金を助成金などに頼っている場合には、年度ごとに募集があることも多いため、書類を作成し、採択された後に実施する流れとなるので、夏以降の開催が多くなると考えられます。いずれにしても、主催者は本番の日程を見据えてスケジュール管理をすることが大切です。

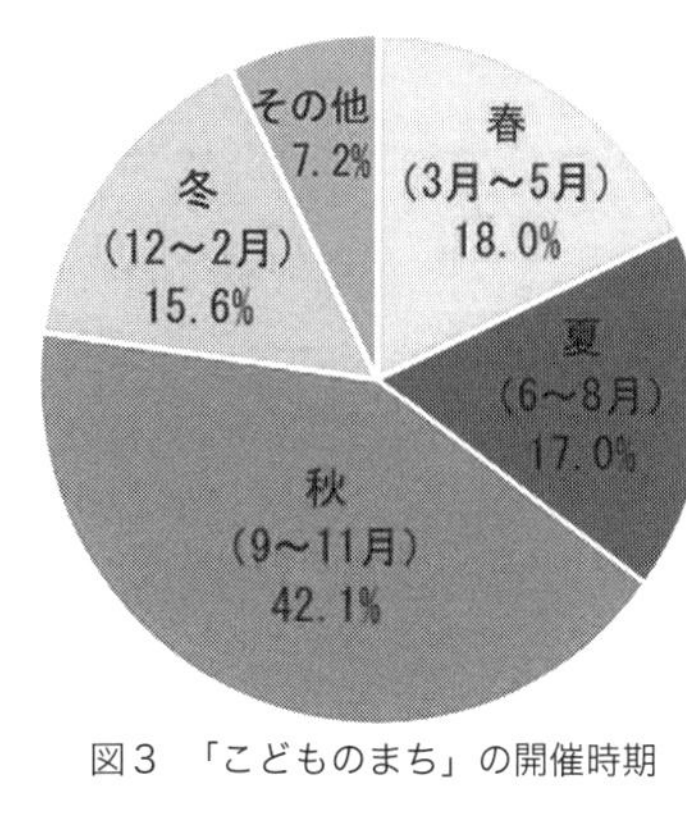

図3　「こどものまち」の開催時期

(2) 地方別にみた開催年数の多い「こどものまち」

ここでは、各地方で開催されている「こどものまち」の中から、特に開催年数の多かった「こどものまち」のトップ3をそれぞれ示しました（表1）。

最も多かったのは関東地方の「ミニさくら（千葉県）」と「ミニいちかわ（千葉県）」で21年間でした。次いで多かったのは北海道・東北地方の「仙台こどものまち（宮城県）」と「キッズビジネスタウンいちかわ（千葉県）」、「羽鳥（江吉良）子どものまち（岐阜県）」の20年間でした。「ミニさくら」、「仙台こどものまち」は２００２年から、「ミニいちかわ」は２００３年からと長期間にわたり開催されている「こどものまち」

表１　地方別にみた「こどものまち」の開催年数トップ３

地区	順位	まちの名称	開催年	開催年数
北海道・東北地方	1	仙台こどものまち（宮城県）	2002～2019、2022～2023（2020、2021は開催中止）	20年間
	2	ミニさっぽろ（北海道）	2006～2019、2022～2023（2020、2021は開催中止）	16年間
	3	こどものまちinつるまき（宮城県）	2009～2011、2013～2019、2021～2023	13年間
関東地方	1	ミニさくら（千葉県）	2002～2003、2005～2023	21年間
	1	ミニいちかわ（千葉県）	2003～2023	21年間
	2	キッズビジネスタウンいちかわ(千葉県)	2003～2020、2022～2023（2021は開催中止）	20年間
中部地方	1	岐阜県の羽島（江吉良）子どものまち（岐阜県）	2004～2023	20年間
	2	キッズビジネスタウンすわ（長野県）	2008～2023	16年間
	3	にじの子タウン（静岡県）	2008～2019、2023（2021、2022は開催中止）	13年間
近畿地方	1	こども四日市（三重県）	2004～2019、2022～2023（2020、2021は開催中止）	18年間
	2	どんぐりマーケット（兵庫県）	2009～2023	15年間
	3	ミニたからづか（兵庫県）	2006～2019	14年間
中国・四国地方	1	ちびなが商店街（山口県）	2006～2019、2021～2023（2020は開催中止）	17年間
	2	こどもっちゃ！商店街（山口県）	2010～2023	14年間
	3	とさっ子タウン（高知県）	2009～2019、2023（2020～2022は開催中止）	12年間
九州・沖縄地方	1	黒崎こども商店街（福岡県）	2013～2019、2021、2023	９年間
	2	ミニふくおか（福岡県）	2012～2019（2020、2021は開催中止）	８年間
	3	ながさKids☆Town（長崎県）	2015～2020、2022～2023	８年間

で、「ミニさくら」と「ミニいちかわ」はコロナ禍でも人数を減らしたり、Ｚｏｏｍなどのｗｅｂ会議ツールを用いたりするなど、工夫をしながら継続して開催している点が特徴的でした。はじめて「こどものまち」を知り、ぜひ開催したいと思う方がいた時には、このような長期間に渡り開催している「こどものまち」があると、非常に強い味方となるでしょう。実際のまちの様子を視察させてもらえたり、主催者の方に過去の開催経験を活かしたアドバイスやサポートを受けられたりすることで、よりリアルに開催のイメージが沸くからです。

（3）「こどものまち」データベース

全国すべての「こどものまち」を紹介することはできませんが、小田研究室では、「こどものまちデータベース」（https://oda-laboratory.com/database/）を作成し、全国の「こどものまち」の開催情報をまとめています（図４）。

「こどものまち」データベースは、「なごや☆子どもcity」で子ども実行委員として活動していた当時高校生の高村環さんと執筆者小田がはじめたものです。現在は金城学院大学小田研究室の学生が中心となり「こどものまち」の開催情報を確認しています。興味のある方は、ぜひご覧ください。

「こどものまち」データベースは、誰でも全国の開催情報をアーカイブとして見る

こどものまちデータベース

「こどものまち」を検索

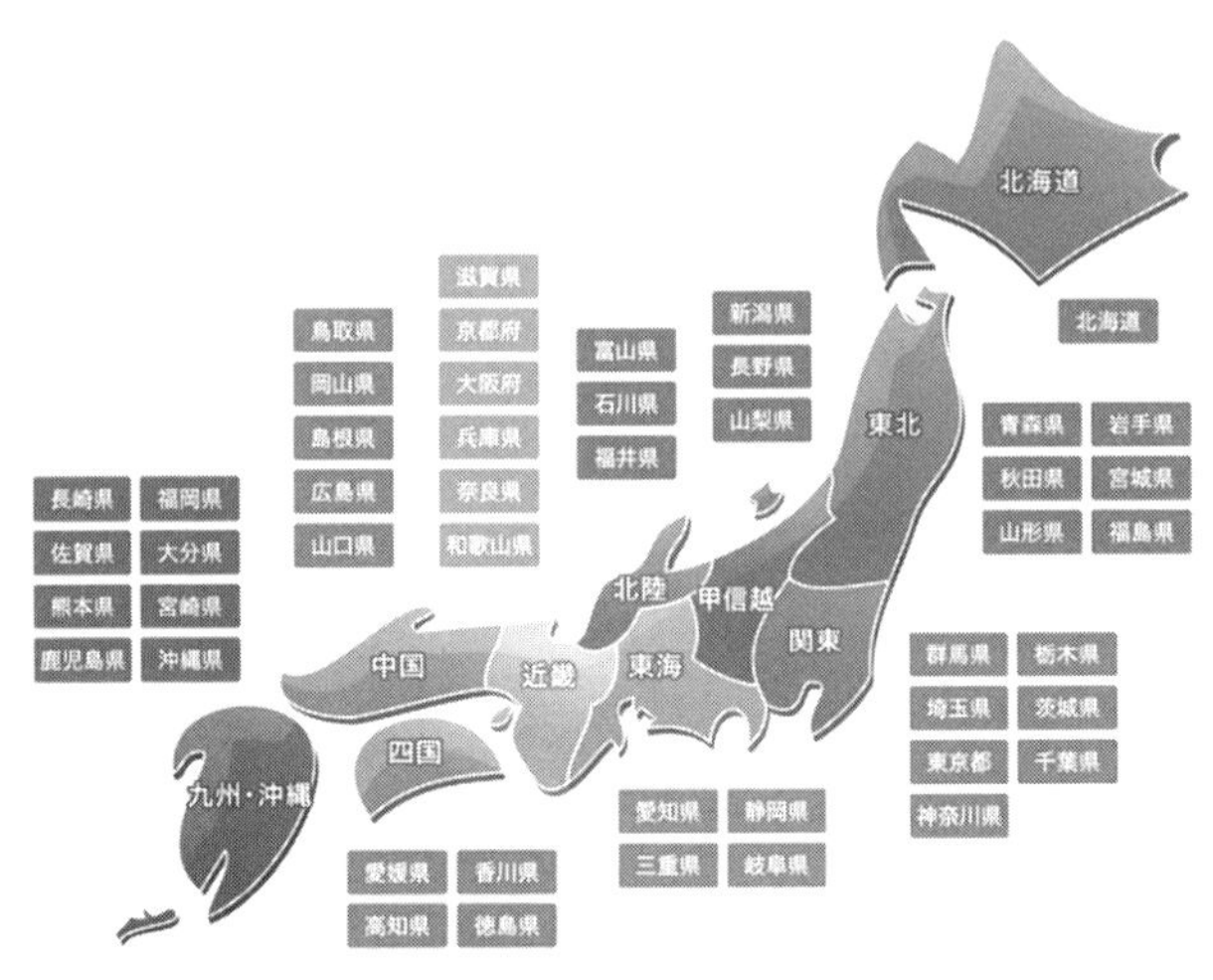

図４　「こどものまち」データベースのサイト

☆こどものまちDB☆

ことができることを目的に作り始めました。ただし、すべての団体が公式Ｗｅｂサイトや報告書など、それぞれの開催情報を公開しているわけではないため、まちの詳細については最新の情報が手に入らない場合がある点が課題です。各「こどものまち」の主催者のみなさまから情報提供をしていただけると、自分の住む地域で開催されている「こどものまち」の情報が充実します。些細な情報でも構いませんので、「いつ開催したよ」、とか「自分の地域でこんな面白いことをやったよ！」、「おすすめの特徴やお店があります」、「最新のチラシを持っています」というような、「こどものまち」に関する情報があれば、ぜひ小田（https://kids-towns.com/contact/）までご連絡をください。

「ミニカワサキ2020」

開催日時	2020年11月21日～12月６日
開催形式	オンライン開催
対　象	小学生～高校生

（4）コロナ後の「こどものまち」

「こどものまち」の取り組みは、２０２０年、２０２１年の新型コロナウイルスの影響で、多くの地域で中止となりました。調査対象とした３５６件の「こどものまち」のうち、新型コロナウイルスのまん延が始まった２０２０年以降に開催された「まち」は毎年30件前後と大幅に減りました。こうした「こどものまち」の中止によって、子どもたちの遊びながら学ぶ機会が減少してしまうことは課題と言えるでしょう。

ここでは、コロナ禍において「こどものまち」を開催した事例をいくつか紹介しましょう。①オンラインで開催を行った神奈川県川崎市の「ミニカワサキ」、②少人数に限定して対面開催をした愛知県名古屋市の「キッズタウン KINJO」、③会場を７つの児童館に分け、分散開催を行った兵庫県宝塚市の「ミニたからづか」です。

①「ミニカワサキ２０２０」

日本が国連の「子どもの権利条約」を１９９４年に批准してから30年が経ちます。２０２３年４月には子ども施策を総合的に進めるための「こども基本法」が施行され、子どもの意見を尊重することなども盛り込まれています。川崎市は、日本で初めて子どもの権利に関する条例が２０００年に成立し、２００１年４月１日から施行されていますが、その作成には市民や子どもが参加して進められました。こうした背景から、川崎市では子どもたちが地域で集団活動をする子ども会や、子どもたちが川崎をよりよくするための活動を進めるために、自分たちの意見を市長に伝えることができる子ども会議などが実施されています。

「ミニカワサキ」は、近隣の地域で行われていた「ミニヨコハマシティ」を見た保護者たちが、自分たちの地域でも開催したいという思いから２０１８年にはじまった「こどものまち」です。そのため、子どもがやりたいことを決め、やりたいことを実現させるために、「大人は口出し禁止」のルールと次に示す４つの目的のもとで進めています。

1　シビックプライドの醸成

「まち」は何でできているのか？　どんな要素があれば「まち」なのか？　自分のまちを知り、「まち」について考えることで、自分の「まち」を好きになる子どもを増やします。

2　多世代・国際交流支援

小さいころからいろいろな大人と関わることは、子どもたちの視野を広げることにも繋がります。世代や国籍などを超えたコミュニケーションの機会を生み出します。

３　共育

大人が子どもに正解を与えるのではなく、自分なりの答えを探し、伝え合って共有し、協力していく力をつけるため、大人と子どもが協力して育ち合う機会をつくります。

４　ソーシャルキャピタルの醸成

人との繋がりは何よりも大切な財産です。川崎のまちづくりや子育てに関心を持っている方々を繋げ、緩やかな人間関係を育むことを通して「まち」の底力を向上させます。

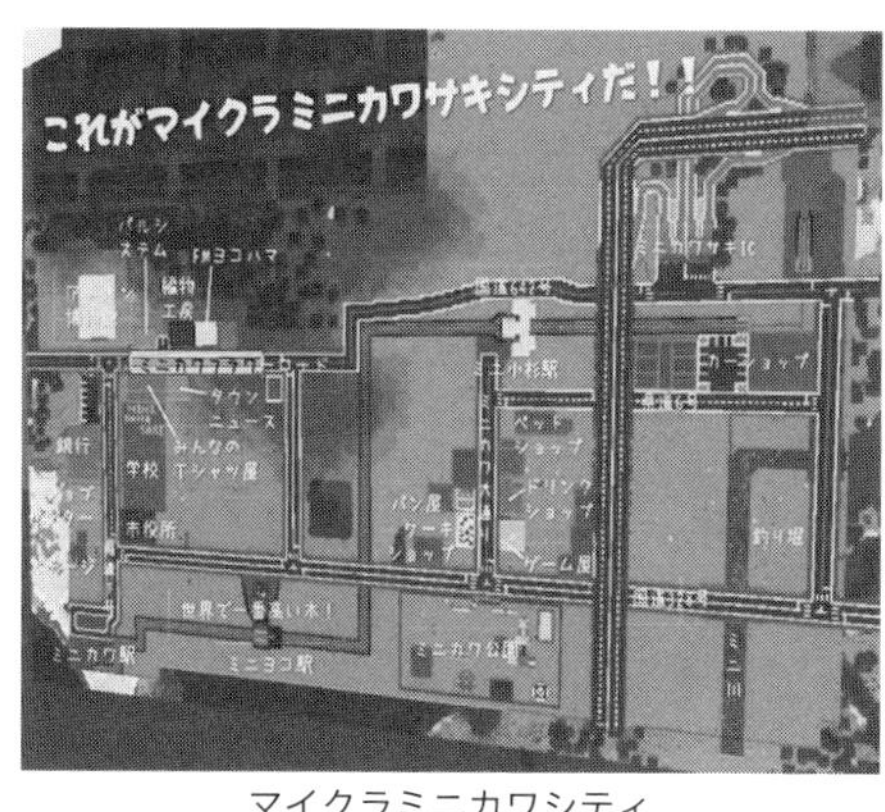

マイクラミニカワシティ
出典：「こどものまちミニカワサキ2020」報告書

多くの「こどものまち」は、イベント当日を楽しむ活動だと思いますが、２０１９年には開催予定の10月に毎週台風が来たため、２日間の開催が１日になってしまったことから、当日の参加だけを目的とせず、事前の「こども運営会議」などの準備をするところから「ミニカワサキ」とすることが子どもたちと決められました。子どもたちは、運営メンバー、店長、参加者という3つの参加方法があり、自分で参加方法を選ぶことができます。運営メンバーは、過去に参加した子どもたちへ4月頃に募集をし、年間を通してまちづくりや会議のファシリテーターなどを担当します。店長

季節堂
手作りの雑貨をいろいろ用意しています

ジュエリーマスクチャーム
コロナ禍でもオシャレを楽しめるマスクチャームのお店

あみもの工房
髪ゴムはもちろんバッグの持ち手や手首につけてアクセサリーにしてもかわいい！

天魔界堂
「天使と悪魔＋α」のLINEスタンプ風シールのお店

ポーチ屋さん
フェルトで作った小物入れは、小銭を入れるのにピッタリ！

き〇つ風ヘアピンショップ
きれいな柄でめっちゃかわいい、作り手の想いのこもったヘアピンのお店

ハッピープレゼント
虹色に輝く、プレゼントにオススメのお店

ミニカワショップ
出典：「こどものまちミニカワサキ2020」報告書

はどんなお店にするかを考える役割で、6月頃に募集をして3時間程度の会議を3〜4回実施します。参加者は当日にイベントを楽しみます。参加者の募集は、近隣の小学校と過去に参加者のあった中学校にチラシを配布しています。イベントは公園で開催するため、参加人数が多くなっても大丈夫です。

コロナ禍の2020年は、初開催から3年目でしたが、何とか実施したいという運営メンバーを中心に「マインクラフト」というアプリゲームを使い、「マイクラミニカワシティ」を作成しました。「便利で暮らしやすい、平等なまち、楽しく暮らせるまち」というコンセプトを掲げ、子どもたちがまち歩きを行ったり、マイクラスクールを運営している人にアドバイスをもらったりするなど、子どもたちが主体的に活動しました。

また、「モノを売る」ことを実現するために、保護者の方が協力してくれ、「BASE」というオンラインショップの仕組みを使って15店舗を出店し、子どもたちが作成した商品やミニカワサキ公式グッズなどのネット販売を行い、開催期

「キッズタウンKINJO」

開催日時	2021年８月19日
開催形式	対面開催
開催場所	LDK覚王山
対　象	小学１年生～小学６年生
参加者数	33名

間中の閲覧数は延べ５３７８回、商品の販売個数は１９８個、売上は５万２４００円にのぼりました。

タブレット学習やオンラインでの会議など、ＩＣＴを活用する機会は増えていますが、コロナだからできないで終わらせず、今あるツールを活用し、そして周りの大人たちの協力を得て子どもたちができることに取り組み実現させた良い事例だと思います。「こどものまち」は、難しくて実現できないと思うことでも、それで終わらせず、子どもたちの創意と工夫で実現させることができるところが魅力であり、こうした困難にチャレンジする力こそ、今重要視されている生きる力と言えるでしょう。

②「キッズタウン KINJO」

「キッズタウン KINJO」は、環境に配慮する「エコなまちづくり」をコンセプトにした、大学生が企画・運営する消費者教育イベントです。現在は愛知県の大学で実施していますが、以前は岡山県（２０１７年～２０１９年）で実施していました。

はじめは、全国どの県の人でも実施できるモデルとして京山公民館にて１００人程度の「こどものまち」をつくるコンセプトで１日開催し、その翌年には少し大きめの会場として、就実大学で１日２００～３００人規模で２日間実施しました。次に、小学校のＰＴＡから依頼を受け、浦安小学校にて１００人規模のまちづくりに協力しました。公民館、大学、小学校などのさまざまな場所で実施しましたが、設備や子ども

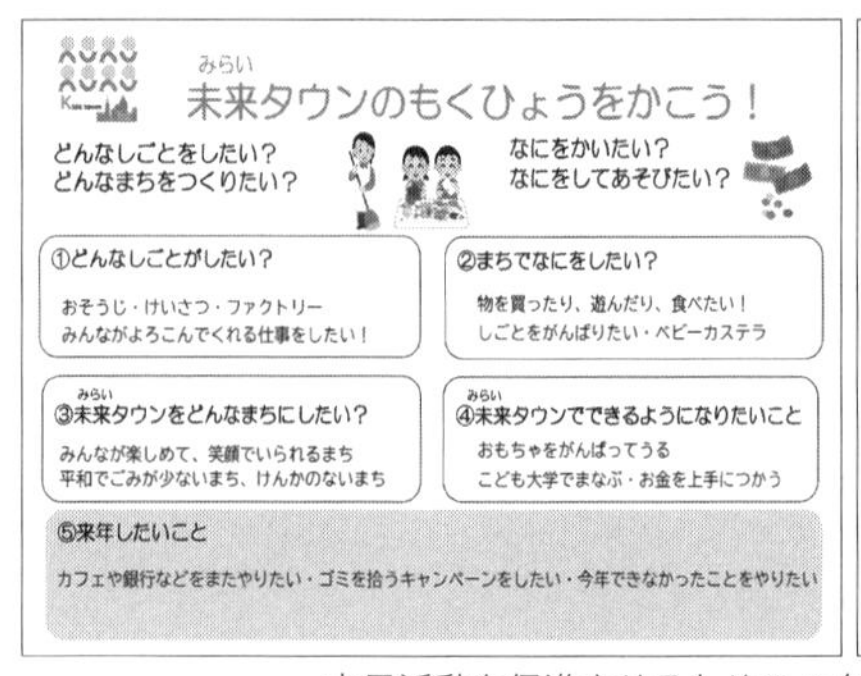

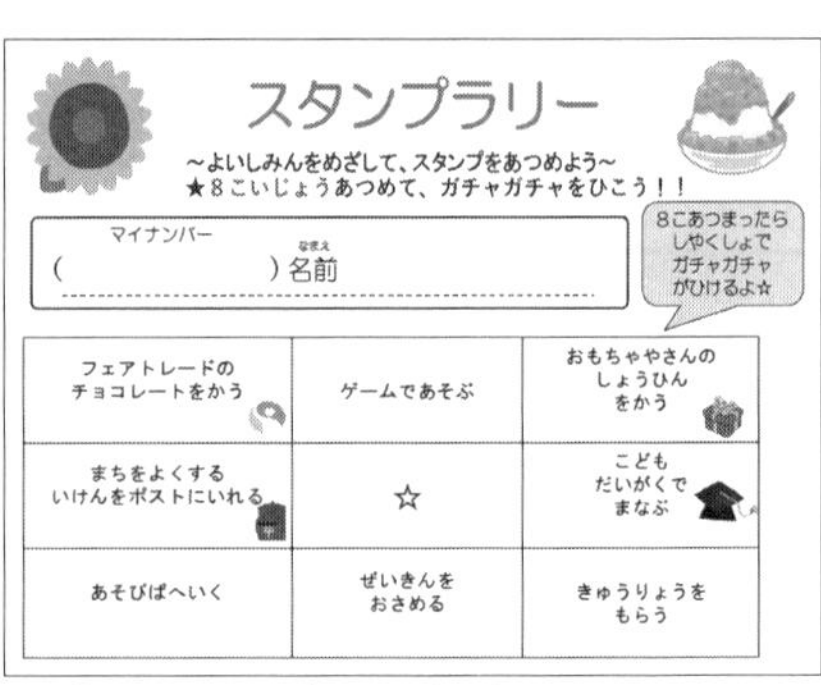

市民活動を促進させるためのスタンプラリーと、目標記入カード

たちの活動のしやすさを考えると、小学校での開催が一番スムーズでした。

「キッズタウンKINJO」は、教育イベントとして実施しています。遊びの要素は学生が考えますが、最終決定は子どもたちが行います。この、遊びと学びのバランスが難しいと思うかもしれませんが、子どもたちが主体的に選択し、決定する機会を設けることを意識していれば、それほど難しく考えなくてもよいと思います。

開催のきっかけは、3つあります。1つは、「こどものまち」をやってみたいと思っても、事前の会議をする回数が多いと、それだけで大変そうだな、と感じてしまう人もいるかもしれません。ですが、多くの「こどものまち」では、当日の参加者が多く、実行委員となる子どもたちの数は1／10程度とそれほど多くありません。それならば、事前の子ども会議はなるべく減らし、「こどものまち」をやってみたいと思った人が「誰でもできるまち」のモデルを作ろうと思いました。

2つ目は、大学生が中心となって運営している点です。「こどものまち」に参加する子が多い学年は小学校3～4年生くらいだろうと思います。大人スタッフが多いと、普段の保護者や小学校の先生との関わりと同じように、大人と子どもという関係になりがちです。せっかく「こどものまち」をするならば、なるべく子どもたちに近い年代の大学生がスタッフとして関わり、普段関わらない者同士

キッズタウンKINJOの様子
出典：「キッズタウンKINJO」報告書、公式ホームページ

の世代間交流を進めつつ、サポートする大学生側にとっても学びの場となるとよいと思い、大学生に企画や運営をしてもらうことにしました。

最近では、社会で生きていくために必要なお金に関する知識を身につけることを目的とした金融教育が注目され、新学習指導要領においても内容が充実されることになりました。しかし、授業の中で実際のお金を使うことはできないため、授業を聞くだけになりがちです。「こどものまち」は、仮想の通貨とは言え、実際にお金を取り扱う機会があるので、子どもたちの体験的な金融教育の学びの場としても有効です。大学生たちは自分たちが企画・運営することにより、小学生からお金に関する質問に答えたり、わかりやすく説明したりできるように準備しなければなりません。こうした他者に教える過程で詳しく調べたりしながら、大学生の金融リテラシーを高めることができることも期待しています。

3つ目は、事前の子ども会議に参加する子どもたちは、自分で申し込む子もおり、比較的積極的な子が多く、当日までに何度も自分たちがつくりたいまちやお店について考え、大人やボランティアスタッフからの助言を得て何もない所からつくり上げていきます。こうした活動を通して、事前の準備をする「こども実行委員」は非常に多くのことを考え、学び、実行する力をつけることができるでしょう。ですが、当日参加する残り9割の子どもたちははじめての参加となるため、はじめてのお買い物やお仕事体験を楽しむので精一杯だと思います。それで

「ミニたからづか」

開催日時	2021年３月27日
開催形式	対面開催
開催場所	宝塚市立高司児童館、東公民館（中筋児童館）、野上児童館、御殿山児童館、宝塚市立安倉児童館（中筋児童館）、宝塚市立山本山手子ども館、宝塚市立西谷児童館
対　象	小学１年生～高校生
参加者数	244名（全児童館の参加者数合計）

「出張ミニづかフェス！」では、コロナウイルス感染対策のため、宝塚市内の７つの児童館に分割して行われました。

表１　通常の開催状況

実施回数		年２日間
実施場所		集中型：フレミラ宝塚
中高生スタッフ数		中学生、高校生年代の子ども25名
子どもリーダー数		小学４年～18歳までの子ども80名
当日参加児童数		300名／１日
大人ボランティア数		20～30名
店舗	行政・公共	市役所、職業案内所、クリーンセンター、銀行、何でも屋
	飲食	パフェ、たこせん、ジュース、ミニピザ等
	体験	ミサンガ、バスボム、スライム等
	遊び	占い、スプーンリレー、ストラックアウト、迷路等

はせっかく参加するのにもったいないと思い、「キッズタウンKINJO」では、大多数を占めるはじめて参加する子どもたちがより多くの経験をできることを中心に考えました。できるだけ事前の子ども会議には参加してもらいたいと考え、岡山の就実大学で実施した際には、事前の会議に１８０名程が参加しました。

また、選挙で投票やフェアトレード商品を買うなどのさまざまな活動をしてもらうために、スタンプラリーを用いたり、どんなことをしてみたいのかと考える時間をつくったりすることで目標を持って参加できるしくみにしています。たとえば、参加する際には商品作りに必要な廃材を自分たちで集めてもらうとともに、環境配慮について学んでもらいます。また、税金について学び、税金を納める必要性を知ったり、市長選挙で立候補や投票をしたりすることで、市民として「まち」に関わり、消費者とし

表2　「出張ミニづかフェス！」で実施された体験と遊び一覧

	体験		遊び	
高司児童館	バスボム作り	ミサンガ作り	パターゴルフ	迷路
野上児童館	キャンドル作り	メッセージカード作り	障害物競争	キッキングターゲット
御殿山児童館	ポンポン作り	スノードーム作り	もぐらたたき	迷路
安倉児童館	スノードーム作り	スライム作り	紙飛行機	キッキングスナイパー
中筋児童館	竹とんぼ	メッセージカード	バトルロイヤル	スローターゲット
子ども館	スノードーム作り	ミサンガ作り	コイン落とし	ボウリング
西谷児童館	プラ板作り	ポンポン作り	巨大双六	コイン落とし

東（中筋）公民館の「竹とんぼづくり」

御殿山児童館の「もぐらたたきゲーム」

て「まち」を楽しんでもらうことも期待しています。こうした参加者全員が活動できる2～3日間のパッケージで行うことで、少ない回数でも多くの子どもたちが「まち」について考えたり、自分がやりたいことや買いたいものを考えたりする機会にしています。

③「ミニたからづか」

「ミニたからづか」では、宝塚市子ども条例に基づき、子ども自身が「遊び」という自由で主体性を持った活動を楽しみ、主役になる面白さの追求や、企画の段階から大人と一緒に活動することにより、思いを実現すること、周囲の環境に対して主体的に関わり、また変えられることを体感するなど、子どもがまちづくりなどに参画する機会を提供しています。また、宝塚市次世代育成支援行動計画に基づき、重点施策の1つに掲げる「思春期の子どもたちの「こころの成長」支援」の推進を図るため、子ども自身が小さいときから遊びの中に就労意識を持ち、「働く」ということを日常生活の中から学べる場を提供することも目指しています。

表1は通常の規模での開催状況をまとめたもの、表2は「ミニたからづか」で実施された体験と遊び一覧です。

コロナウイルス対策として、開催時間の短縮、市民募集人数の縮小、集中型で実施しているものを7か所に分散しミニフェスと称し実施しました。開催にあたっては、各地域中高生スタッフたちの「どのような形であれ開催したい」という思いを受け、各地域児童館を会場として、参加者・子どもリーダーとも少人数配置の分散型で開催することになりました。

（小田　奈緒美　記）

コラム❶ 大人に感動を与える「こどものまち」

番匠 一雅

「こどものまち」の活動には、多くの大人スタッフの力が必要です。ボランティアスタッフとして働く多くの大人たちが、この活動に魅了されていますが、いったい何が彼らを惹きつけているのでしょうか。

「こどものまち」の取材を通じて、多くの大人たちが、子どもたちが生き生きと変化していく姿に感動していることを発見しました。この感動が、大人スタッフの原動力になり、「こどものまち」が日本全国に広がる理由なのだと感じました。

中でも印象的だったのは、ある「こどものまち」の立ち上げメンバーTさんの言葉です。「こどものまち」を見たことがなかったTさんは、「ミニたまゆり」の視察に来ました。視察後、Tさんは「自分が子どもの頃、夢に描いていたものが、ここにはすべて揃っている。自分が子どもだった頃、こんなに素晴らしい場所が近くにあればどれほどよかったか。子どもたちが自分たちの世界を築く姿を見て、本当に感動しました。私たちの地域でこれを実現できたら、どんなに素晴らしいことか。子どもたちのために、われわれは頑張るべきだと強く感じました」と力強く語りました。

Tさんの感動は行動に変わり、自分たちの地域での「こどものまち」は大成功となりました。イベント終了後、Tさんは次のように語っていました。「今日は、あの（顔なじみの）子どもたちが……子どもたちのための子どもたちによる子どもたちのまちを開催した。わたしの願い（子どもたちが築く姿を見る）が叶ってうれしかったです。この地区に生まれ育った誇りです。相互扶助、お互い様精神、温故知新、この町で地元の力に、そして団結力に魅せられました！　やってよかった！　やりがい・いきがいを感じたすばらしいイベントでした。みなさんホントにありがとうございました！」

Tさんの言葉が象徴するように、大人たちは、子どもたちの変化する姿に感動し、彼らの力を信じ、「こどものまち」を続けていくのでしょう。

コラム2　「こどものまち」のエッセンスを取り入れる

岩室　晶子

「こどものまち」では一定時間、子どもがお仕事をすると、「こどものまち」の対価が支払われます。大人みたいに働いた対価をもらう、これが子どもたちのやる気を引き出しています。それを普段のイベントに応用してみました。

商店街の小さなマーケットやイベントなどを行うときに、子どもたちがお手伝いをするとお祭りなどで遊べるチケットを配布する、というしくみです。お祭りなので15分とか20分の短い単位のお手伝いを取り入れます。

そうするとみんなが楽しくなることが起こります。

小さな子どもがマーケットのお店の前で「いらっしゃい!」と呼びかけたり、お店のチラシを大人に配ったりすると、とっても微笑ましくて楽しい雰囲気になります。お店も大人が声をかけるよりも子どもたちが声をかけてくれたほうが、お客さんが集まってくるのです。そして、その子どもをうれしそうに見守る保護者たちは、自分の子どもがお手伝いしているお店のものを買ったりするので、お店にとってもよいのです。子どもも保護者もいつもよりもずっと長くイベントに滞在するので、とても賑やかになります。

子どものお手伝いを導入するにあたり、各店舗で「ぜひ子どもたちのお手伝いを受け入れてください」と呼びかけると「うちは特に子どものやることはないから要らない」と言うお店が必ずあります。でもたいがいは最初だけです。子どもたちがお手伝いに来るお店は繁盛するので、最後には「うちにも来て欲しい」と言われるようになるのです。そして子どもと大人の交流が始まり、商店街の人と地域の子どもが仲良くなり、イベントの無いときでもお店の人と話せるようになります。「こどものまち」のエッセンスが、大人と子どもたちの交流を生み出している例です。

第2章

「こどものまち」が変えるもの

「こどものまち」が日本で生まれて20年以上が経ち、「こどものまち」の「元子ども」はどんどん大人になっています。

本書執筆者である番匠と岩室は、前川財団の助成を受けて行った研究（2021年）で、その「元子ども」とその保護者の方に別々にインタビューを行いました。そのインタビューをここではリライトし紹介します。体験者の生の声から、「こどものまち」が子どもたちに何をもたらしたかを体感してください。

一　「ミニヨコハマシティ」の里吉絢佳さんと保護者
「こどものまち」で体得した「伝える力」

里吉絢佳さんは、ミニヨコハマシティ（以下ミニヨコと略）初代市長となり3期までつとめる。現在は小学校教師をしながら、ボランティアでNPOのスタッフとしてミニヨコハマシティを支える側で活動中。

里吉絢佳（さとよし　あやか）

（1）「こどものまち」に参加して自分の得意なことを知った

「勉強ができなくても、違うところでの自分のよいところって結構あるんじゃないか」「今まで、自分を認めてくれる大人は両親だけだったけど、〈こどものまち〉の大人たちや、自分を慕ってくれる年下の子たちに「すごいね」「いいね」「ありがとう」とほめてもらい、認めてもらう機会が多く、生きがいを感じた」

＊　＊　＊

私は中学3年の2007年の春、第1回の「こどものまち」に参加しました。理由は「おもしろそうだなと思った」から。当時マニキュアに興味があり、「こどものまち」ではネイルショップを開店したところ、大人気になりました。

市長選挙に当選して所信表明演説する絢佳さん

初めての「こどものまち」で、私は市長選挙に出馬しました。どんなまちをつくりたいかを自分なりに考え、「こどものまちを笑顔あふれるまちにしたい」「ミニ・ミュンヘンを訪問してこどものまちに活かしたい」。この2つを公約にして、初の「こどものまち」市長に当選しました。その後、3期続けて当選しました。

高2の夏、念願の「ミニ・ミュンヘン」への訪問は、「ミニヨコ」の大人スタッフが計画してくれて、本当にミュンヘンへ行くことができました。高3の夏には、「こどものまちEXPO」として、「こどものまち@大さん橋ホール」と「こどものまち世界会議@横浜開港記念会館」のこども実行委員長をつとめました。その後大学生になり、大人スタッフとして参加し、現在社会人になってもできる限り参加しています。

地域の活動に出て「勉強だけがすべてではない！」と気づく

その当時を振り返ってみると「こどものまち」に最初に参加した頃は、小中高一貫校に通っていて、同じ顔ぶれのクラスメイトだけと勉強することに、少し飽きていました。「ただ勉強するだけで中学を過ごして高校生になっていくんだ……」と、少し気分が落ち込んでいました。

学校以外の活動への参加は、自分のことをまったく知らない人たちとの交流・活動が、「あたらしい自分」としての一歩を踏み出すきっかけだったと思います。参加してみると、違う学校の、価値観が異なる人と話すことができるのが楽しみになりまし

ミニミュンヘンのステージ
（一番左が絢佳さん）

た。「こどものまち」に参加する前の自分と、参加した後の自分は１８０度変わったと思います。それまでの自分がいた世界ってなんだったんだろう、つまらない日常がキラキラとした日常に変わったという印象でした。

また、その頃中学校での勉強の順位競争に気持ちが疲れていて、暗い気持ちで学校へ通っていたんですが、「こどものまち」など地域の活動に出て、まったく違う人たちと話をすることで「勉強だけがすべてではない！」とすごく気づかされました。「こどものまち」で会えた人たちと、出会えていなかったら、勉強ばかりして、夢もよくわからないまま大人になっていたと思います。

自分の経験で培ったスキルを活かして論文や模擬授業に挑む

逆に勉強は通常通りしていたのですが、「こどものまち」の活動を続けていたら、学年順位が上がっていきました。自分に自信がついたのか、勉強にもプラスの相乗効果があったのだと思います。また、勉強で順位をつける必要はないという思いが強くなりました。勉強だけですべてが決まる社会がいやでしたから。

大学受験では「学校の先生や子どもに関する職業につきたい」という明確な目標を持って勉強していたので、「こどものまち」で他の人にはない、貴重な経験をしたという自信がプラスになったのだと思います。大学では、私は自分の経験から培ったスキルを活かして取り組める、論文や模擬授業の成績が特によかった。自分の好きなものに特化してやっていたのだと気づいて、私は大学の勉強が自分に合っていると思いました。考えを表現したり、創造したりすることが自分に向いていると気づくことができました。

「こどものまち」の経験を通じて、私は「人に伝える力がある」と感じたので、そういう仕事につきたいと思いました。「こどものまち」で、みんなで何かを創り上げ、協力する喜びを体得し、この経験を、もっと多くの子どもに知ってほしいと思い、小学校の先生や幼稚園の先生という職を考え始めました。「〈こどものまち〉の活動が続いていって、子どもたちが体験して何か感じてくれたらうれしい」です。

こどものまちEXPOでの
ミニヨコ市長絢佳さん

(2)「こどものまち」で輝く彼女になった：里吉絢佳さんの保護者

「小さい頃、自分で考え行動する性格だった彼女。大きくなるとそれを活かせる場がなかったが、〈こどものまち〉が機会をくれました」

* * *

中学・高校生という、人生で最も影響を受けやすい時期に、家族以外の地域の人に育てられた経験は、彼女にとって人生の宝物のひとつ。活動に参加したら「輝く彼女」になりました。「こどものまち」で活躍する彼女を見るのはとても誇らしくうれしかったです。

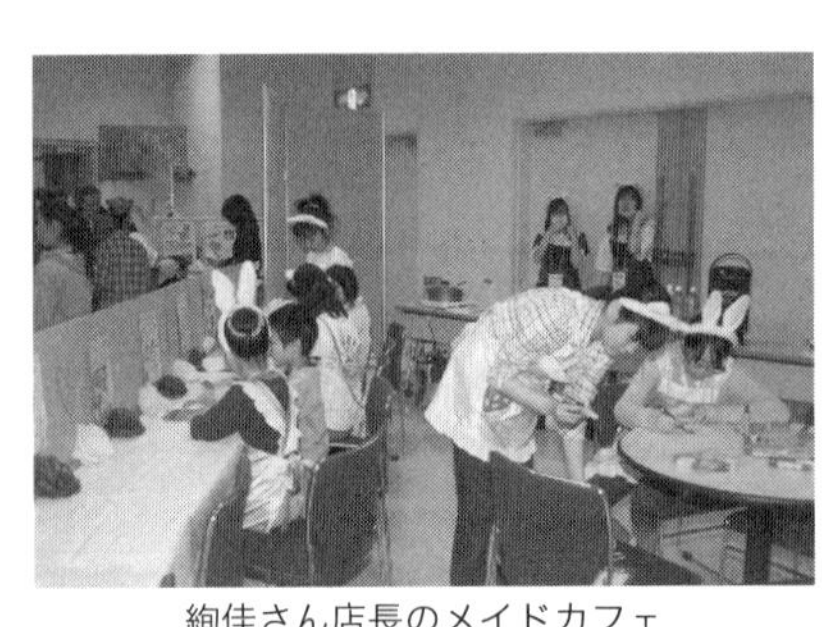
絢佳さん店長のメイドカフェ

最初は心配でした。でも彼女が高校生になって、親から自立していってもらいたいと思っていたので、私たちは裏方で応援しました。彼女は、自分で「ミニヨコ」のテーマ曲をつくり、さらに発表会に参加する服装のTシャツにはひとり一人のイニシャル付きワッペンをつけたいと提案。またメイドカフェのエプロンも自作したりするので作業がたいへんそうなので、自宅で縫うのを手伝いました。私も子どもと一緒に楽しみました。

「こどものまち」は人生選択の場面に大切な要素

彼女が高校のテスト期間中に「こどものまち」のイベントがありました。勉強もしながら活動に参加しているのを見て「勉強もするけど与えられた仕事をやりぬくこと＝両立」ができているなと思いました。結果、いつもよりテストもいい点を取ることができました。大人になった現在も、割り切って仕事と何かを両立させているようです。

大学の進路選択では、教育学部で学校の先生という方向を選びました。「こどものまち」での彼女は、参加する子どもたちの中では年上の「お姉さん」だったため、小さい子どもたちの面倒をみたりする役目でした。それが自分に合っていると気づき、小学校の先生を選択したのではないかと思います。彼女にとって「こどものまち」は、人生の選択の場面において大切な要素になったのだと言えます。

ミニミュンヘン市長と横浜で交流する絢佳さん

「こどものまち」の活動で彼女は生き生きするようになりました。小さい頃から自分で考え、やりたいことを行動する、そういう性格だったと思いますが、大きくなるにつれて、それらを活かしてくれる場所がなかなか無かったのです。しかし、「こどものまち」は彼女にその機会を与えてくれました。家族以外の地域にいる大人たちと小さい頃から関わるのは本当に大事だと、改めて感じています。

百崎佑（ももざき ゆう）

二 「ミニヨコハマシティ」の百崎佑さんと保護者
「こどものまち」の経験がやりたいことを言語化してくれた

百崎佑さん：ミニヨコ副市長を経て、3代目市長に。現在バリスタをしながら、NPO法人ミニシティ・プラスの理事として「こどものまち」を支える側で活動中。

(1) 失敗体験も成功体験も吸収して成長

「学校では自分で物事を決められることが少ない。〈こどものまち〉では自分がやりたいことを応援してくれるし、やらせてくれる環境だった」

「学校は同じことをみんなでする。意見を言う機会が少ない。臨機応変にどうしたらいいのか、を学べない。でも〈こどものまち〉で柔軟に対応する力がついた」

「細かいことに気づけるか。やりたいことを明確に描けて言語化し実行できるかなど、今の仕事に有効な経験を、ずっと前に〈こどものまち〉で学んだ」

＊　＊　＊

私は小学校低学年から一般参加者として何度か「こどものまち」に遊びに来ていました。そして小学5年生から運営する側の運営市民（こども市民）になりました。それからずっと、今もＮＰＯの活動に関わっています。運営市民に応募したのは、学校じゃない新しいことができそうだなと思ったからです。やらされていると続かないタイプなので、これだけ長年続けているのは、とにかく楽しかったからです。いろんな新しい友だちと知り合え、友だちができました。「こどものまち」の中では、勉強ができるからというような基準はなかったのです。

副市長として
U19シンポで発言する佑さん

人前で話す経験を自然に積んで、上手になった

学校生活だけでは出会えない大人との出会いも魅力でした。ミニヨコスタッフの大人は、好きなことをして生きている人だと思います。いろんな知識や経験があり、その大人との話がおもしろくて刺激的でした。今、自分が仕事をするようになって思うのは「好きなことをし続けるのは難しい」ということ。だから何らかの苦労もあるかとは思いますが、好きなことをやり続けているミニヨコの大人はかっこいいと思います。

最初の頃は大勢の前で話すことは得意ではなかったけれど、「こどものまち」では、人前で話す機会が多かったから、社交的な性格に変わったと思います。あるとき「こどものまち」の市長になったら、「プレゼンあるから来なよ」と大人スタッフに言われ、大勢の前でプレゼンをする機会をたくさんいただいたので、その結果、失敗体験も成功体験も吸収して、成長できました。

ここで培われたコミュニケーション能力は、学校の授業内でのプレゼンで力を発揮

託す

社会変える1票を

橘学苑高校2年 百崎 佑さん（16）

各政党は漫画風パンフレットや無利子奨学金拡充などで若者受けを狙ったような政策を掲げているけど、突然言われても本気かどうか疑ってしまう。選挙前だけ理想を語るのではなく、身近な問題を掘り起こして解決に導くことができる政治家を見極めたい。

小学4年から地元のNPO活動に参加し、地域活性化に向けて地元の大人たちとさまざまなイベントを企画してきた。今年1月には渋谷駅前で若者約200人に「18歳選挙権」について聞いた。「1票で社会は変わらない」「誰に投票しても同じ」という声が多かったけど、最初から諦めていたら何も変わらない。せっかく貴重な権利があるのだから、無駄にするのはもったいない。（横浜市都筑区）

新聞記事

できました。人前で話すことを「こうやるんだよ」と教えてもらったとしても、実践する場がないとなかなかできるようにはなりません。「こどものまち」に長く参加して、私は人前で話す経験を自然に積んで、上手になりました。

学校の勉強は、嫌いな教科は「なんのためになるんだろう」と思いながらいやいややっていました。高校生の時に、自分が市長をやっていた経験から、選挙についての「若者の立場での意見を聞きたい」と新聞取材を受け、名前入りで新聞に掲載され、先生に自発的な活動が認められました。

現在のバリスタ※の仕事は、高校生のときにコーヒーが好きになったから。「こどものまち」の活動とは直接関係ないのですが、好きなことを見つけられたのはこの活動があったからです。コーヒーを通して、コミュニケーションのスポットを作りたいです。

（2）地域に知り合いが多く親より顔が広い：百崎佑さんの保護者

「大人スタッフから「市長選に出なよ」と言われて立候補したら、副市長になってすごい自信をつけた」「親以外の大人スタッフに叱られたり、教えてもらって、生きるために必要な、いろんなことを学び成長した」

＊　＊　＊

※バリスタ
コーヒーやノンアルコール飲料に関する知識と技術を持つ人。

小学校1年生の終わりに、学校で「こどものまち」のチラシをもらい、「おもしろそうだ」と思って、家族3人で出かけました。そうしたら、大人は「こどものまち」なので入れなかったんです。まだ低学年だったわが子が会場に吸い込まれていってしまい、私たち（保護者）は子ども警察に「大人はここから先は入れません」と言われてしまいました。待ち合わせの約束もしないまま吸い込まれてしまったのですが、まったく夢中になったのか全然戻って来ませんでした。その後、「こどものまち」の魅力に取り憑かれて、翌年もチラシを見て1人で参加していました。

副市長として賞を受け取る佑さん

「副市長」と書いた自分専用の名刺を活用

3年目の2009年、大さん橋ホールで行われた「こどものまち」には3日間全部参加しました。送り迎えをしていたのですが、会場に到着すると人が変わったように表情を変え、走っていくのです。お化け屋敷を手伝っていたらしく、家に帰ってきたら興奮状態でした。スタッフじゃないのにスタッフ以上に働き、年上の子どもたちにも優しくしてもらったようでした。

うちはひとりっ子だから、「こどものまち」でいろんな人と関われることがよかったです。「こどものまち」の活動で、お兄さんお姉さん、年下の子どもたちとの交流が始まりました。「こどものまち」の市長選に立候補して、副市長になることができました。それから「こども会議」で発言し、人前で話す機会が増えました。彼は、話

市長選挙の演説をする佑さん

すことが最初は苦手だったけれど、だんだん好きになっていったのだと思います。

副市長になって、「副市長」と書いた名刺を作ってもらったようです。それがきっかけで、自分専用の名刺をつくり、大人と会う度に名刺交換して、その日のうちに交換した相手にお礼のメールを書くようになりました。中学生からのメールは珍しがられ、知り合った大人とすぐに仲良くなりました。大人と、失礼ではない距離の近しいコミュニケーションを持つことができるようになりました。地域の知り合いがたくさんいて、親より顔が広いです。家のパソコンもすぐに使いこなして、フェイスブックや名刺交換で繋がった人から誘われ、中学生の頃から大人に混じって市民講座なども受けるようになったようでした。

「こどものまち」の経験と人脈が財産に

日常生活の中でも「こどものまち」が最優先になっていて、学校の試験前でも、「こども会議」があるからと言って出かけていました。学校の成績は振るわなかったのですが、コミュニケーション能力がすばらしくて、これならばどこでも生きていけると思いました。無理矢理勉強させても、さほど変わらないなら、別の能力を伸ばしてあげようと考えました。

中学校では放送委員長に立候補しました。一般的には、委員長に立候補する人は、勉強やスポーツができる人気者、という雰囲気があります。しかし、彼は臆せず、自

ヨコハマコーヒーフェスでの佑さん

分がやりたい放送委員長に立候補し、見事当選したのです。自己肯定感が強く、自信を持って何事にもぶつかっていきました。みんなをまとめる委員長としてよく働き、委員会の大規模改革を行ったようです。中学校の先生たちからも頼られていました。

親として、彼の書く字が汚いことを心配していましたが、あるときから最初は苦手だった字もしっかり書くようになりました。判読できないような字に対して小さい子どもから指摘され、人前で恥をかいたのもよい経験になったのかもしれません。

こんなこともありました。彼が小学4年生のとき、家族でサイパンのリゾート地に家族旅行で行ったときのことです。知らない間にプールの監視員と仲よくなって、笛を吹くアルバイトを手伝っていたのです。彼は英語がしゃべれたわけではないです。翌朝になって朝食のレストランに行ったら、そこのスタッフ全員と知り合っていたらしく「お前の息子はすごい」と英語で言われました。彼は恥ずかしがったり、緊張したりせず、ニコニコとコミュニケーションすることができていました。「こどものまち」に行き出して3年目の頃のできごとです。「こどものまち」で活動していることが、ここでも自然にできているのだと思いました。

大学には行かない、専門学校に行きたいと言われたときはショックでしたけど、今思うとよかったと思います。彼は専門学校生のときに、「ヨコハマコーヒーフェスティバル」を自ら企画して、成功させました。それは「こどものまち」の経験や人脈があったからだと、親としてとても感謝しています。

橋本みなみ（はしもと　みなみ）

三　「ミニヨコハマシティ」の橋本みなみさんと保護者
「こどものまち」は自己肯定感を持てるサードプレイス

橋本みなみさんは「ミニヨコ」４代目市長。小学校５年生から「ミニヨコ」に参加。小学６年で副市長に当選。その後市長に。高校生の頃からＮＰＯ法人の主要スタッフとして活動を支え、現在大学生でＮＰＯ法人ミニシティ・プラスの理事を務める。

（１）自分の力を発揮でき自分らしくいられる場所

「自分らしくいられるサードプレイス。それがこどものまち」「ＮＰＯの活動では、自分を否定されたことがないし、嫌な思いをしたことがない。それぞれの個性を認めあって活動しているから」

＊　＊　＊

小学５年生のときでした。私は、「ミニヨコ」を主催しているＮＰＯ法人が発行する「ジュニアタイムズ」を見て、ジュニア記者とミニヨコ運営市民の両方に参加しました。「こども会議」に初めて参加したとき、いろんな年代の子どもたちが会議を進

子どもサミットで発言するみなみさん

行して、さまざまな意見を出しているようすに驚きました。学校での会議とは違って、楽しそうに子どもたちが会議していたのです。

小学校は楽しく通学しましたが、中高は勉強の比重が大きくなっていたので、楽しくなくなっていきました。中学では、運動系の部活動をがんばっていたけれど、高校では部活への参加を辞めたのでそうしたら勉強しかなくなりました。高校生活とＮＰＯの活動のギャップが大きくて、苦しい日々もありました。だからＮＰＯの活動があってよかったと思っています。

自分を否定されたことや、嫌な思いをしたことがない……

ミニシティの活動は、自分の力を発揮できる場所でもあるし、自分らしくいられる場所です。学校だけではできない、さまざまな経験を積むことができました。家庭や学校以外の場のいろんな人と知り合い、自分との違いを肯定的に捉えることができました。みんな、それぞれの個性を認め合って活動しています。「こどものまち」では〝みんな違ってみんないい〟というのは当たり前で、自分を否定されたことや、嫌な思いをしたことがありません。だから、この活動のおかげで自分らしくいられるようになりました。

自分の得意な「絵を描くこと」や「人前でプレゼンなどして、話すこと」などを発揮する場も与えてもらい、自分で「こんなことできた」というのが積み重なったので、

市長選挙の演説をするみなみさん

自己肯定感が上がりました。

子どものときに、「こどものまち」でやりたいことを企画書に書いて、大人と相談して、実際に作り上げる経験をすることはなかなかないと思います。また投票体験もそうです。

学校の友だちに口頭でNPOの活動を説明してもあまり伝わりませんでした。「こどものまち」に実際に来ないと、「こどものまち」のまちづくりや、子どもたちで何かを作り上げる楽しさはわからないだろうと思っています。

日本の子どもの、自己肯定感の低下や社会参加の機会がないこと、そこから若者の政治離れを疑問に思っていました。学校に行きづらい子どもは、NPO法人みたいなサードプレイスがあればもっと明るく生きられるのではないか。スウェーデン・ドイツなどで行われている「青少年議会」が解決してくれるのではないか、と思い「ドイツのミュンヘン大学の子ども学・教育学部に行って学べたら良いな、将来は教育に関われる職業がいいな」と考えています。

(2) 国際的なことにも目を向け価値観、視野を広げる：橋本みなみさんの保護者

「親は自分の子どもを過小評価しがち。あまりほめてあげられなかったときでも、〈こ

どものまち〉では、自分の能力、いいところを発見できて、家族以外の人にほめてもらい、自信もついたのだと思う」

＊　＊　＊

「こどものまち」で市長選に立候補している彼女の演説を見た時は、こんなにしゃべれるのかと驚きました。彼女が「こどものまち」に参加できて本当によかったと思います。「こどものまち」で社会性が身につきました。いろんな大人・職業・関わりがあって社会が成り立っていることに気づいたのではないかと思います。彼女は「こどものまち」に参加してから、社会の問題（暴力や貧困など）について、気にするようになりました。そして、自分の興味のある問題に向かっていこうとするようになりました。国際的なことに目を向けるようになり、価値観、視野が広がったと思います。

ミニヨコで子どもの権利条約について話すみなみさん

自分の能力の良さを発見し、家族以外の人にほめられ自信をもつ

高校1年生のときに「国際関係に行きたい。まちづくりもしたい」と言い、自分のやりたいことを実現できる大学、という観点から大学探しをしていました。入りたい大学が明確にあったから、勉強にも身が入ったのではないかと思います。自分で段取りをつけて「いつまでにこれをやれば大丈夫」という目安をつけることができるようになり、テストに向けて少しずつ勉強するようになりました。

受験の時期は学校しか行っていなかったために表情が暗かったのですが、ＮＰＯの

東京新聞　2015年（平成27年）4月3日（金曜日）　横浜　22

横浜

一足早く子ども選挙

「ミニヨコ」へ投票に行こう

報酬、税金… 大人と共通の課題も

統一地方選 2015 かながわ

ミニヨコの「選挙」に向けてポスターを作る四崎朝香と橋本さん＝都筑区で

県議・政令市議選きょう告示

ミニヨコ市長選挙新聞記事

活動がはじまると目がキラキラしていました。

もともといろいろなことをやりたいタイプなのですが、「こどものまち」の活動でさらに「自分ができる」と、何でも取り組むようになりました。最初から「できない」と考えることはしないで、たとえうまく行かなくてもどうにかなる、と行動するようになりました。

悪い影響というのはなかったのですが、あえてあるとするならば、学校が窮屈になり、同級生と話が合わなくなっているのではないかと思うことがありました。

家や学校だけでは彼女のよさが発揮できていないと感じていました。あんなに文章や絵が上手だと思っていなかったです。「こどものまち」の中で、そういうところを引き出してもらって、自分の能力、いいところを発見できて、家族以外の人にほめてもらい、自信をもつことができたのだと思います。

金岡香菜子（かなおか　かなこ）

四　「ミニさくら」の金岡香菜子さんと保護者
「こどものまち」では大人と子どもの関係は対等

金岡香菜子さんは「ミニさくら」に子ども市民として参加し、中学2年のときに「ミニさくら」の代表として、ミニ・ミュンヘンを訪問した。「こどものまち」を運営する任意団体を大人とともに法人化し、大学4年生時には理事長に就任した。現在も「こどものまち」を支えている。

(1) 子どもにとってなくてはならないもの。それが「こどものまち」

「こどものまち」は遊びのまち。遊びの中からいろんな発想が生まれる。「こどものまち」の「子ども会議」は、みんなで遊ぶところから始める。

商店街でやっていることで、普段自分たちが歩いている商店街が「こどものまち」になる日があり、そこでまちとのつながりを強く感じる。

＊　＊　＊

「ミニさくら」は、日本でいちばん長く続けている「こどものまち」で、商店街のモールを舞台に行っています。最初に参加したときは小学生でした。それからずっと

ミニさくらのようす

「こどものまち」に関わっています。

商店街に拠点をつくり「こどものまち」を継続

「こどものまち」を続けている理由は「自分がめちゃめちゃ楽しかったから」。「ミニさくら」で関わってきた大人のことがすごく好きで、そういう大人になりたいと思いました。「こどものまち」は、自分が子どものときに、なくてはならないものだったから、もし自分の子どもが生まれたら、「こどものまち」で遊ばせたいと思っています。子どもにとってなくてはならない活動だと思うから「こどものまち」をなくしたくないのです。だから、大学生のときにはＮＰＯ法人をつくり、代表を務めることになり、就職してからもずっと私は関わっています。結婚しても、フルタイムで働きながら「こどものまち」に関わり続けています。結婚して相手が転勤になったとき、一緒に行こうか迷ったけれど、彼に「〈こどものまち〉はかなちゃんがいないとできない。〈こどものまち〉を大事にして」と言われ、地元に残りました。仕事との両立は大変なこともあるけれど、続けていきたいです。

現在、「こどものまち」の拠点となっている「まちの縁側」は、「こどものまち」の舞台となっている商店街の中にあります。２０１５年に、拠点となる場所が売られることになり、なんとかこの場所を残したい、とクラウドファンディングで資金を集めようと取り組み、理事たちが足りない分を出し合って、ＮＰＯ法人で買い取り、拠点

ミニさくらのようす

を守りました。

長くやっている中で、イベントへの苦情は減り、地域の理解を得られるようになりました。

昔は、子どもが行列をつくっていると「こっちは客商売でやってるんだから、子どもが並んでいると迷惑だ」と言われたりもしましたが、現在は「こどものまち」に人がたくさん来るので、それに合わせて、商店街のセールをやったり、広告を出したりして、商店街の活性化にも貢献しています。

「こどものまち」の活動を続けていくと、子どもと大人の関係が対等に変わってくるんです。親や先生以外に気軽に話せる大人がいるっておもしろいし、大切なことです。同世代、兄妹ではない友だちがいることは自分にとって、とてもよかったです。学校の部活とかなんとかクラブだと、どうしても上下関係ができてしまうのですが、「こどものまち」ではそれがなくて、対等に話せる関係がつくれます。

(2) 「こどものまち」でも「仕事」でもやりたいことをやる彼女：金岡香菜子さんの保護者

毎年「こどものまち」には、大人ボランティアスタッフとして参加しています。私たち親子は「こどものまち」が本当に好きなのです。

U19シンポで登壇する香菜子さん
（立って挨拶）

彼女は1年目から参加し、本当に楽しかったようです。ミニ・ミュンヘンには、彼女が中学2年生のときに訪問し、大きな影響を受けたと思います。「こどものまち」の代表として、その後も参加し続けています。

＊　＊　＊

大人に指図されないで、自分でやりたいことができることが大切

私も大人スタッフとして参加していますが、親として子どもの時も、理事長になった今も、彼女を特別に助けることはしていません。周りの大人スタッフが彼女を助けてくれて、今があると思っています。「こどものまち」のよさは、大人が口だししないこと。子どもが大人に指図されないで、自分でやりたいことができることが大切です。

彼女が参加していた時には、中高生も多かったのですが、今は小学生が多く、低年齢化しています。今の中高生は忙しすぎて時間が取れないようです。そういう意味で言えば、長年やり続けている彼女は特別な存在なのかもしれません。

「こどものまち」の理事長を辞めたいと思うこともあるだろうけど、子ども時代に楽しかった記憶を覚えているから、現在も頑張っているのだと思います。彼女は進むべき道をＮＰＯを中心に考えて行くのかなと思っていたのですが、会社に就職する道を選びました。しかし会社でも人と関わる仕事をしているらしいので、そういうところでは「ミニさくら」の影響があるかもしれません。

五 千葉市の「こどものまち」の内海菜々花さんと保護者
本物の千葉市長に子どもの意見を伝える

内海菜々花さんは「こどものまち」＝「イッツアスモールCBT」の初代市長。
現在は特別支援級の教師をしている。

内海菜々花（うちうみ　ななか）

（1）本物の千葉市長に「子どもの意見」を伝える

「〈こどものまち〉の市長になったら、本物の市長と本気の対談ができ、〈まち〉に意見をいうことができた」

「〈こどものまち〉では、誰かに言われて動くのではなく、自分がやりたいことを決め、みんなで話し合って動くことができた。それが楽しいと思った」

＊　＊　＊

私が高校生の時、千葉市の施設「きぼーる」の交流館の自習室に出入りしていたら、大人のスタッフに誘われて「こどものまち」に参加しました。「きぼーる」は、バンドの練習室があり、小学生に加えて中高生も出入りしている施設だったので、「こどものまち」が始まったとき、運営市民の中で高校生の割合は高かったのです。

16歳 市長になった

朝日新聞2011年１月

子ども市長になり、子どもの意見を「市」に伝えられた

最初の「こどものまち」は、こども環境学会千葉大会（２０１２年）が「きぼーる」で開かれたため、実験的に行われたわずか3時間だけの「こどものまち」でした。このとき高校2年だった私は市長に選ばれました。市長に選ばれたことで、当時31歳で当選した、熊谷千葉市長と対談したりする機会もあり、朝日新聞全国版に熊谷千葉市長と並んで「16歳、市長になった」というタイトルで大きく掲載されました。

本物の千葉市長に子どもの意見を伝えることができ、「まち」が変わっていくことも実感しました。

「公衆電話を〈きぼーる〉からなくさないでほしい」「こんな公園があったらいいな」「自転車を道路で運転するのが怖い」などの子どもからの意見を千葉市長に伝えたところ、「自転車専用道路を作ろう」など、市が動いてくれました。千葉市に子どもの声を届けることができたことはうれしかったです。

高校生のときは、バイトや部活を居場所にしていて、学校に居場所がない子どもでした。よく言えば個性的、悪く言えば空気が読めない子どもでした。でも「こどものまち」では学校以外の友だちができました。年齢など関係なく仲間になれる、ということもおも

2018年U19シンポで発表する菜々花さん

しろかったです。こども環境学会千葉大会で出会った大人や、「こどものまち」の大人には、銀行勤め・市役所の職員・大学研究員など、普段はあまり出会えないジャンルの人たちがいて、さまざまな話ができたことも魅力でした。

「こどものまち」では、誰かに言われて動くのではなく、自分がやりたいことを決め、みんなで話し合って動くことができます。それが楽しいと思ったのです。市長になって、やりたいことも大人スタッフに尊重してもらえました。学校ではそういうことはなかったから、「こどものまち」は心地よくて、ワクワクする場でした。

もちろんたいへんなこともありました。大人の人手が少なくて、高校生が保護者からクレームを受けたことがありました。また、子ども会議で大人が先導して進めてしまうこともありました。確かに子どもの思いを自由に発言することに対して、わがままだと言われかねない面もわかっているけれど、すっぱり否定されたときは残念な気持ちになりました。ただ否定するのではなく、理由を教えてくれればよかったのに、と今は思います。

バリアフリーな「こどものまち」をつくれたらいいな

私にとって「こどものまち」の活動や居場所だった「きぼーる」がない高校生活は考えられないし、活動できてよかったと思っています。みんなが受験する高3の時期も、「こどものまち」に積極的に参加して大学受験はまったく考えていませんでした。

U19-2018シンポでの
内海さんとフリップ

高校卒業で市の職員になることを目指していましたがうまくいかなくて、子どもに関わることをしたいと思い、教員を目指し、大学を探して進学しました。自分も学校に馴染めなかったから、不登校気味の子の支援をしたいと思いました。大学卒業した後、特別支援学級の仕事にも魅力を感じ、もう1年大学で勉強して免許を取って、現在は特別支援学校で働いています。今は、病気が重くて寝たきりの子どもと接することが多いです。知的障害・聴覚障害のある子たちがどうやったら「こどものまち」に参加できるかを考えています。バリアフリーな「こどものまち」をつくれたらいいなと思います。

(2)「その意見いいね」と、大人たちが肯定してくれた：内海菜々花さんの保護者

「〈こどものまち〉に参加して、突然頭角を表した。活動がすごく彼女に合っているんだなと思った。生き生きと活動できる場所があって、本人の自信になったのだと思う」

「〈こどものまち〉に参加したことで、自分の子どものいい面を見ることができた。親として安心もした」

＊　＊　＊

U19-2011シンポで発言する内海さん

私自身も「きぼーる」の図書クラブの大人ボランティアに参加していたので、彼女の活動は把握しています。親子で「きぼーる」のイベントに参加したりして、よく通うようになり、自然な流れで職員さんから「新しくはじまる〈こどものまち〉に参加しない？」と、彼女が誘われました。

私自身が現在自宅で「ファミリーホーム」という制度を取り入れ、里親として子どもたちを受け入れることをしています。司書として千葉市の学校図書室の先生をしていたこともあり、子どもに本を手渡し、読み聞かせしたりする活動をしていたので、子どもの心の解放に興味を持っていました。家庭での教育は、子どもに「ＹＥＳ・ＮＯをはっきり言いなさい」と言っていたと思います。

小さい子どもと話す能力を「こどものまち」で培い、今の仕事へ

「こどものまち」に参加することで、彼女の潜在能力が誘発され突然頭角を現わしました。この活動がすごく合っているんだなと思いました。学校では歯に衣着せない物言いをするタイプだから、集団でズバッと言いすぎてしまい、浮いてしまいがちな子どもだったんです。先生に意見を言うこともあり、生意気だと思われることもありました。

「こどものまち」に参加し、意見を言ってもいいんだという場を得て、生き生きとしてきました。ハラハラするほど大人にズバッと意見を言っていましたが、「こども

2011年U19シンポで
登壇する菜々花さん

のまち」の大人たちはそれを受け止めてくれました。「その意見いいね」と、肯定してくれていました。そこで彼女は生き生きとリーダーシップを発揮していったのだと思います。

もともと、誰かと一緒にやるよりは1人でやる方が楽というタイプだったから、みんな一緒に足並みそろえていくことが多い学校に違和感があったのではないでしょうか。「こどものまち」で生き生きと活動できる場所を得ることができ、本人の自信になったのだと思います。

彼女が壇上でみんなに話すのをみて、すごく話が上手なこと、子どもたちを振り返らせるテクニック、集中を向けさせる才能がある、教員に向いていると思いました。小さい子どもと話す能力を「こどものまち」で培うことができ、今の仕事につながっているのではないでしょうか。

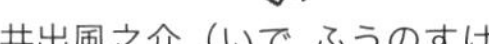
井出風之介（いで　ふうのすけ）

六　「こどものまち」はコミュニティをデザインすること
「こどものまち」を多数経験した井出風之介さんと保護者

井出風之介さんは、特定の「こどものまち」に参加するのではなく、母親の研究に付き添い、日本全国のさまざまな「こどものまち」に出会いました。そして、自分が島留学した高校生のとき、その島で新しい「こどものまち」をつくりました。現在は大学に通いながら起業し「まちおこし」に関わっています。

(1) 各地の「こどものまち」を学び、親元離れて島留学へ

「こどものまち」はベンチャー企業のようだ。予算が潤沢ではない、商品の売り出し方は柔軟なアイディアや工夫が必要。だから振り返ると、現在の自分の仕事につながっているかもしれない」

＊　＊　＊

母親が市の職員をしていて、サバティカルで社会人として大学院に行き「こどものまち」の研究をしていました。それに連れられて一緒に全国各地の「こどものまち」に参加した経験があります。最初は母に連れられて行っていましたが、途中から、自

ミニヨコの大人の学校で
講師をする井出さん

主的に行くようになりました。

小学校高学年から中学1年のときで、私が参加した「こどものまち」は以下の10か所です。「ミニさくら」(千葉県佐倉市)、「ピノキオマルシェ」(千葉県柏市)、「ミニいちかわ」(千葉県市川市)、「ミニヨコハマシティ」(横浜市)、「キッズタウンいたばし」(東京都)、「ミニさいたま」(さいたま市)、「ミニさがみはら」(相模原市)、「なごや子どもCity」(名古屋)、「とさっ子タウン」(高知市)、「ミニ京都」(京都造形芸術大学)。

母親に誘われて「こどものまち」に参加していましたが、遠い場所に行けることや「こどものまち」で知らない「まち」の友だちができること、自分でお金を「こどものまち」で稼ぐことが楽しかったです。「こどものまち」にはディズニーランドのような非日常がありました。

高校は島根県海士町(あまちょう)の隠岐島に入学

最初は普通に参加者の1人として「こどものまち」に参加していましたが、次第に積極的に運営に関わるようになりました。「ミニさがみはら」では運営委員会に入って参加。

「子どもの社会参画」の事例として神奈川県青年課と青少年センターで「ミニヨコハマシティ」を開催したときにも運営メンバーとして参加しました。中学のときには、

ミニシティプラスの活動で発表（右）

公営塾
自治体が地域の将来を担う子どもたちのために開設する学習塾。

ミニヨコを運営しているNPO法人ミニシティ・プラスが実施していた子どもが実際の「まち」に行き、大人と「まち」の課題を解決する活動、「特命子ども地域アクター」にも参加しました。

公営塾※で行われた「夢ゼミ」という授業を受けたら「自分が何かしたいことがあったら、高校生のタイミングにやってみよう」と言われ、島留学を決め、島根県海士町（あまちょう）の隠岐島前高校に親元を離れて入学しました。

島留学中に、島の子ども向けに「こどものまち海士人村（あまんちゅむら）」を企画し、運営しました。自分が参加した「こどものまち」が楽しかったから、島の子にも体験して欲しい、という思いで開催しました。予算は海士町からもらうことができ、参加費は保険代のみとしました。

「こどものまち」に参加することで伝えたかったことは次のようなことです。

・土地の仕事を、その土地の子どもたちに知ってほしい。
・自分の暮らしている「まち」について考える機会がほしい。

最初の「こどものまち海士人村」では、まだまだこの2つの思考段階までもっていくことができませんでしたが。

その後、高知大学にAO入学しました。高知大学では「こどものまち」を学生がサポートしています。自分も「とさっ子タウン」に学生スタッフとして参加しました。大学3年生まで頻繁に活動し、会社から協賛をもらう営業ユニットに所属して、「こどものまち」への協賛を集めました。

将来は海士町で地域貢献的な事業の展開を

小学生のときから、さまざまな「こどものまち」に参加してきたことは自分の強みだと思います。初対面の人とのコミュニケーション能力が培われました。大学休学中に友人と会社を立ち上げました。

大学卒業後は会社経営をする予定で、すでに友人と起業し、海士町で業務委託を2つ引き受けて実施しています。現在、友人と4人体制で会社を運営しています。大学には将来の選択肢を決めるために入り、考える期間をもらえましたが、やりたいことが見つかりませんでした。しかし、「誰とやりたい」ということが大切だと知り、それを実施する仲間に出会えました。海士町で地域貢献的な事業を展開する業務委託（商品開発・島のための雇用を生み出す）、大学生から社会人に向けて移住を進める島留学（シェアハウスのリノベーション、イベント等）などを行いたいです。仕事内容は一本化せず、海士町のためになる仕事をしていく予定です。

「こどものまち」はベンチャー企業のようでもあり、振り返ってみると、現在の自分の仕事につながっているのかなと思います。

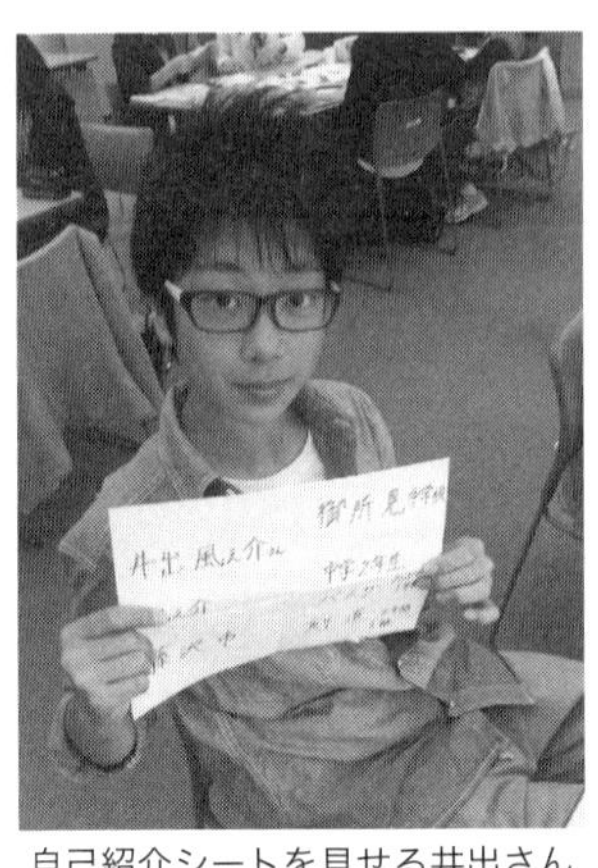

自己紹介シートを見せる井出さん

こどものまち「海士人村」

（2）大人が子どもに全権委任、自ら「起業する」を選択：井出風之介さんの保護者

「こどものまち」は「自分の力でなにかを変えることができる」と知ることにつながった。息子もそれを学び、自分の力を発揮できるところに行きたいと島留学の高校を選んだ。

＊　＊　＊

私は神奈川県藤沢市役所に勤めています。12年前に休職して、日本女子大学大学院で学び、「こどものまち」をテーマに修士論文を書きました。その調査をする中で、自分の子どもに協力してもらい、大人が入れない「こどものまち」に入ってもらうなどしたので、息子はたくさんの「こどものまち」を知ることになりました。

研究を始めるとき、「こどものまち」を検索し、最初は子どものキャリア教育をテーマとして調べようと思っていたら「まちをつくる」というワードの検索でヒットし、最初に「ミニヨコハマシティ」を知りました。

高校を核に地域を魅力化する「地域みらい留学」を推進

「〈こどものまち〉はコミュニティをデザインすること」なのです。小さい頃から、「こどものまち」のようなコミュニティに接していることで、成長したときにコミュニ

ミニヨコに参加する井出さん
（真ん中スカーフをしている）

ティの大切さに気づくのです。

自分の子どもに山崎亮『コミュニティデザイン――人がつながるしくみをつくる』で紹介されていた隠岐島前高校を勧めたら、島留学することになりました。

島根でリクルートやベネッセでアイターンをするなど地域活性化に取り組む人たちと知り合って、その人たちに学びました。そこでは高校を核に、社会人相手に地域を魅力化する「地域みらい留学」を推進しています。自分も、息子を通じてそれを知り、行政の視点から地域魅力化を学ぶことができました。息子が繋いでくれなかったら、自分の働き方は変わっていただろうと思います。

初めて「こどものまち」に彼を連れて行ったとき、彼自身が「こどものまち」をおもしろい、と感じたのでしょう。さまざまな大人スタッフに対等に接してもらえて、うれしかったのではないでしょうか。それは親ではない、ななめの関係の方たちです。「こどものまち」の大人は、彼を子ども扱いせず、ただひとりの人として接してくれました。そのことが、彼の自己肯定感をあげました。大人が子どもに全権委任して、認められて何かを成し遂げたことで、「やればできる、子どもでもできる」と彼の考え方が大きく変わりました。

「こどものまち」がなかったら、彼が「起業する」という人生の選択支はなかったのでは、と親ながら感心しています。

コラム❸ 「こどものまち」広報部隊としての家庭科の教科書への挑戦

花輪 由樹

テレビの中に知り合いが映ったり、知っている場所が登場したりするとうれしい気分になることはありませんか。「こどものまち」で遊んだことがある子どもたちにもそんな気分になってほしいなと思い、私が関わっている家庭科の教科書にもいつか掲載できたらと願っていました。まだ研究者としてヒヨコの頃から、「こどものまち」と家庭科がいかに関係するかについて、微力ながらも学会などで発信してきました。

日本の家庭科教育は、小学校5年生から高等学校まで学習機会が設けられています。高度経済成長期には、世の中が性別役割分業を求めていたことから、主に学習者は女性でした。しかし平成時代からは、誰もがよりよい生活をつくる主体となれるよう、衣・食・住、消費生活・環境、家族・家庭生活について男女ともに学んでいます。また単に今日生き延びるためだけでなく、さらに自分の快適性のためだけでもなく、ともに暮らす人々と協力・協働しながら、健康・安全・快適で持続可能、かつ失われつつある生活文化にも配慮しながら暮らしていけるような子どもたちの力を育むのが、現代の家庭科教育となっています。（他国と比較すると、小学生から衣食住の基礎・基本や、消費・環境のあり方を生活者の視点から学習できる機会は、世界を見渡しても珍しく、日本の家庭科教育(注)は誇るべきものと評価されています)

このような枠組みの家庭科において、中学校(2021年〜)と高等学校(2022年〜)の教科書に、「こどものまち」のことが掲載されました。中学校は3社のうちの1社・開隆堂出版の〈家庭生活と地域の関わり〉という項目のコラムに、また高等学校は6社のうちの1社・教育図書の住生活分野〈これからどう暮らしていこう〉という未来のさまざまな住まい方の項目のコラムに、執筆の機会を得ました。「こどものまち」は、子どもたちが自分たちの過ごす場所のあり方を楽しみながら考えていく、そしてそれを地域の人達または交流人口的な関わりの中でサポートしていくことに価値があると考えています。

家庭科の背景学問の1つである家政学では、4つの領域(①学問領域、②日常生活領域、③カリキュラム領域、④政策に影響や発展をもたらす社会的領域)での活動を目指していますが、家庭科教育は③に該当します。私は、まだ「こどものまち」の主催者になったことはありませんが、「こどものまち」広報部隊として学術界を通じてその魅力や価値を発信することで、家政学の4つ目の領域目標である「個人、家族、コミュニティをエンパワーし、福祉を向上させ、快適な生活の実現、および持続可能な将来を創り出すことを促進するような政策が形成されることに寄与する」ことに繋がればと思っています。執筆した家庭科の教科書は、2022年の夏にドイツのミニ・ミュンヘン主催者の手元にも渡っています。

注「国連ミレニアム開発目標２０１１　ポジション・ステートメント」
国際家政学会／翻訳監修・一般社団法人日本家政学会家政学原論部会
「家政学原論行動計画２００９―２０１８」第４グループ
http://www.genron.net/wp-content/uploads/2012/12/30f283492b5d404c8bc822c48f9ceecf1.pdf

コラム4　ベルリン「FEZitty（フェッチティ）」

小田奈緒美

会場はFEZ Berlinという施設で（ベルリン中央駅から45分程）設立は１９７９年（１９８９年ベルリンの壁崩壊後FEZとなっています。）毎年80万人～１００万人が訪れます。平日は学校の遠足、社会科見学用コースが有り、週末の利用や年４回の長期休みにはさまざまなイベントが行われています。「FEZitty」は夏休みのイベントとして実施されています。

「FEZitty」は、「ミニ・ミュンヘン」をモデルとして１９９９年に初めて開催され、２０１８年で15回目を迎えています。２０１５年からは、夏休みのイベントとして毎

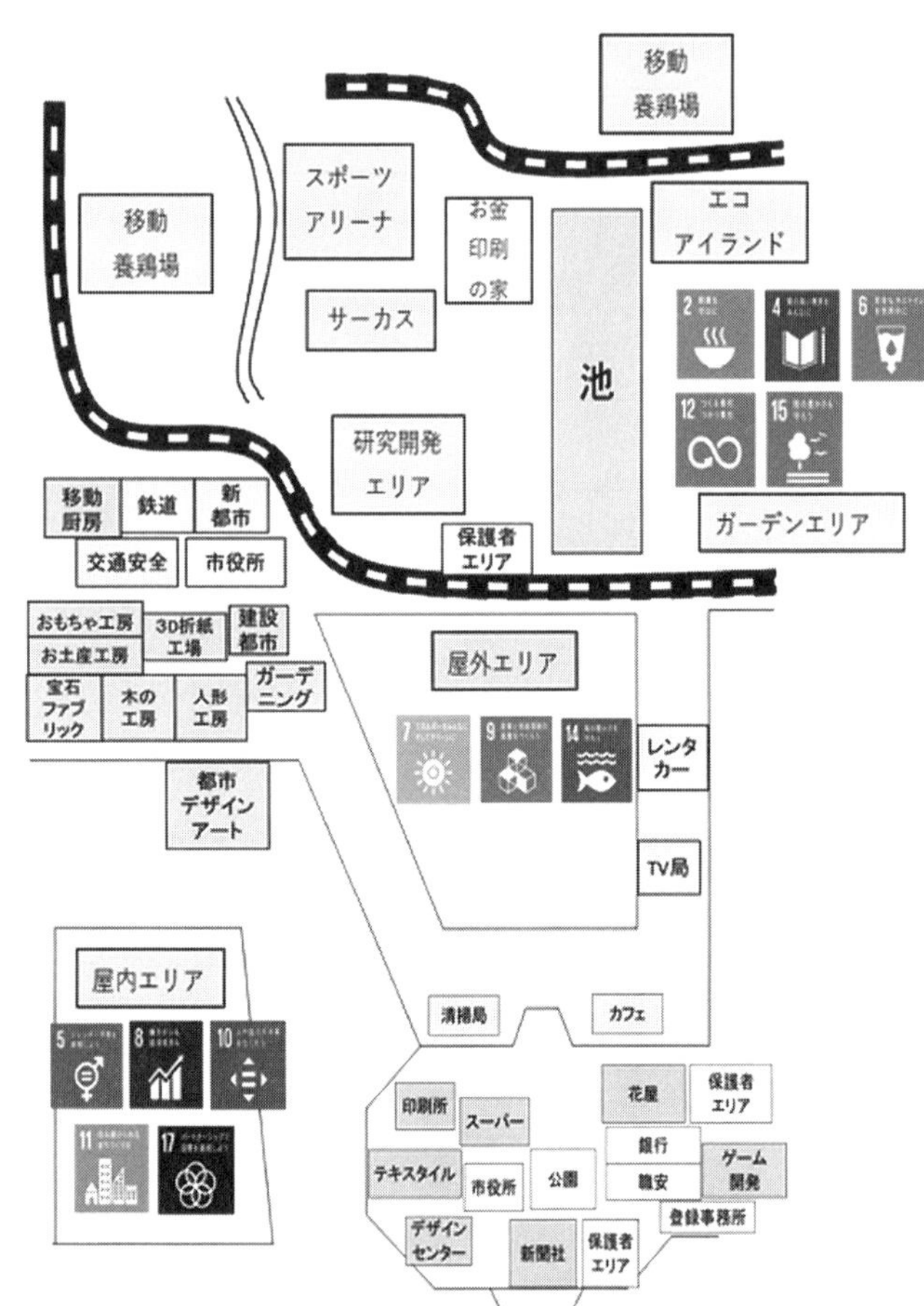

出典：小田奈緒美「『こどものまち』におけるSDGsのアプローチ：ドイツのFEZittyを事例として」『消費者教育』第40冊　日本消費者教育学会 P.235　図1「フェッチティ」の会場図と各エリアのSDGsの対応場面より

年6週間開催されています。日本の「こどものまち」は1〜2日間の短期間が多いのに対し、ドイツではこのように、1週間以上など長期間開催されている「こどものまち」が多くあります。

上の図は、2018年の会場図です。SDGsの視点が含まれていることから、関連する番号をつけています。水について学ぶ水の週間が開催されていたり、未来都市としてソーラーパネル完備の家が建てられたり、アクアポニックス（水耕栽培と水産養殖を掛け合わせた循環型有機農業）や養鶏場の管理など、日本ではあまり見かけないまちづくりが展開されています。

「こどものまち」のつくりかた

「こどものまち」はどのように立ち上げ、運営するのでしょうか。ここでは番匠と岩室が立ち上げに関わった「こどものまち」の事例として「ミニヨコハマシティ」と「ミニたまゆり」のノウハウを公開します。

各地域の開催の目的や場所、環境により方法は異なりますが、これらの事例が、これから「こどものまち」をやってみたい、という方の参考になればと思います。

一　「ミニヨコハマシティ」と「ミニたまゆり」

（1）「ミニヨコハマシティ」——行政とのコラボから始まりNPO法人新設へ

「ミニさくら」を知り、そこからミニ・ミュンヘンを知った横浜のまちづくりをする人たちが、横浜での開催を目指して２００６年に「ミニヨコハマシティ研究会」を立ち上げ、２００７年3月に横浜で初めての「こどものまち」ミニヨコハマシティ（以下「ミニヨコ」）を開催しました。研究会はその1年後にNPO法人化しました。筆者である岩室は、そのNPO法人ミニシティ・プラスの創立メンバーです。

「ミニヨコ」は、横浜市職員の企画研修で生まれたアイデアをヒントにしています。行政の課題を、子どもたちのユニークな発想により解決していけるのではないか、と考えたのです。例えば、若者の選挙投票率が低いという課題がありますが、「こどものまち」の市長選挙で自分たちのリーダーを選ぶ経験をした子どもは、将来選挙に関心を持ってくれるのではないかと期待しました。また、自治会町内会や公園愛護会などのまちづくりに関わる人たちは高齢化しています。「こどものまち」のまちづくりに関わった子どもは、未来の横浜のまちづくりに積極的に関わってくれるのではない

ミニヨコ学校

ジョブセンター

子ども市長選挙

かと期待したのです。

ミニヨコハマシティ研究会を主体として最初の「ミニヨコ」は実施されました。

子どもたちへの広報は、第1回目は研究会の職員発案から、子ども青少年局の委託事業となり、小中学校の児童生徒に全配布が可能になりました。6歳から上は17歳までの58名の「こども運営市民」の応募がありました。応募には「ミニヨコでやってみたいこと」を書いてもらっていたので、その一人ひとりと会ったり、電話をしたりして、応募用紙だけでは読み取れない、子どもたちのやりたいことをていねいにヒアリングしました。そして、最初の子ども会議までに、大人たちが集まりどうしたら実現可能かを検討したのです。

たとえば「公園を作りたい」という3人の子どもたちがいました。ヒアリングすると、「小さな子どもが遊べる遊具から作りたい」とわかりました。そこで会場である住宅展示場の空きスペースを公園として使えないかを調整し、横浜建設業青年会の方たちにヘルプを呼びかけ、タイヤでの遊具や迷路を作りました。

「お花屋さんをやりたい」という子どもがいたのですが、お花は価格が高く、用意できないと悩んでいたら、市役所の方が公園に植える前のお花を「ミニヨコ」の2日間だけ借りて、「まち」に飾れるように調整してくれました。お花を受け取りに行ったら、ついでに、不揃いで捨てられてしまうパンジーをもらうことができました。当日はお花を「まち」に飾る仕事とパンジーを売る花屋が開店できました。

ミニヨコハマシティの特徴

①大人口出し禁止。子どもたちのやりたいことを尊重し、実現に向けて大人も一緒に努力する。決定権は子どもにある。

②市長選挙を行い、選ばれた市長を中心に大人と話し合いながら次回の「こどものまち」を一から新しくつくっていく。

③毎年新しいことにチャレンジ。活動や場所も固定していない。助成金、物資の協賛、クラウドファンディングなどを年度ごとに工夫し、大人の運営費も捻出している。

④最小限の大人スタッフで回す。子どもが主体的に運営する。

市長選挙には6人が立候補し、中学3年生が当選しました。彼女の公約は「ミニヨコが本当の〈まち〉くらい有名になるように今回のイベントをまとめて、もっと大きな〈まち〉にしていく」「ドイツのミニ・ミュンヘンに行ってミニヨコのお店を出したい」でした。私たち大人は、彼女の公約ミニ・ミュンヘン訪問を実現させました。「ミニヨコ」市民6名と大人3名が2008年8月ミニ・ミュンヘンに行き、お茶を点てるお店と忍者の手裏剣を折り紙で折るお店を出しました。

また、「ミニヨコ」は最初は2日間で500名位の参加でしたが、次年度は3日間で3000人ほどの参加になり、公約通り大きな「まち」となりました。彼女は市長に3年間連続当選しました。現在も、小学校の先生をしながらもNPOスタッフとして、「ミニヨコ」を支えてくれています。

（2）「ミニたまゆり」——「こどものまち」を大学生の教育活動に応用

他大学にはない特色ある教育教材を模索していた田園調布学園大学の教員が、ミニ・ミュンヘンの活動を大学生への教育に活用できないかと考えたことが「ミニたまゆり」の始まりです。「ミニさくら」の取り組みを参考に、大学のゼミナールの活動として、小さなグループでスタートしました。学生との打ち合わせの中で、大学の最寄り駅である「たまプラーザ駅」と「新百合ヶ丘駅」の名称を組み合わせて、「ミニ

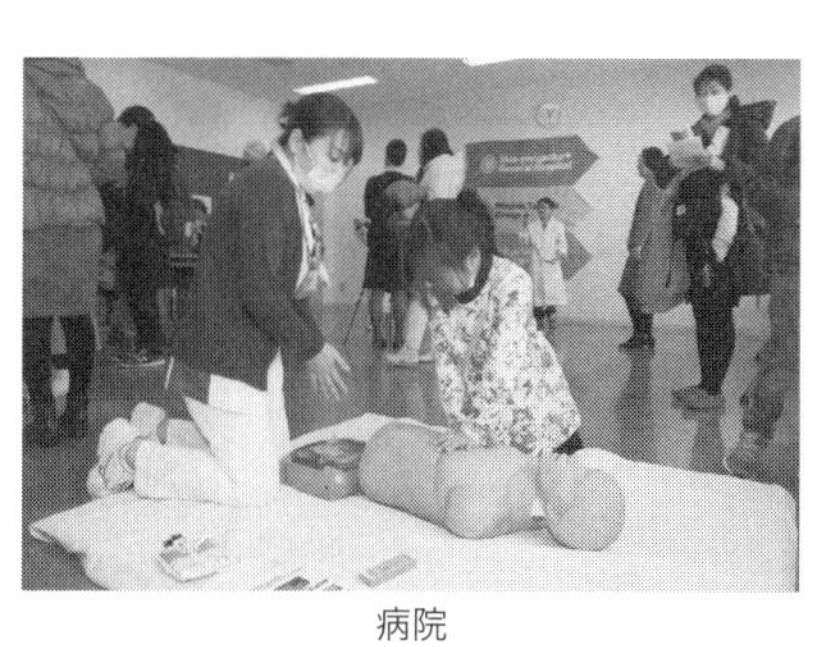
病院

親子レストラン

たまゆり」と命名されました。

初回の「ミニたまゆり」は、悲惨な状況となりました。市民登録や職業案内所（ハローワーク）、銀行など、混雑する施設の窓口にもかかわらず1つの窓口しか配置されていなかったため、イベント開始直後に長蛇の列ができ、「まち」として機能しない状態に陥りました。大学生スタッフは急遽、学内からテーブルと椅子を集めて受付を増やしました。子どもたちの仕事も材料しか用意されていない状態でマニュアルもなく、何とか運営する状態でした。保護者からのアンケートには多くのクレームが寄せられました。それでも、参加した子どもたちからは、楽しかったと喜びの声がありました。

ＰＤＣＡサイクルをもとに、参加者のアンケートを学生が振り返りを、次回に向けて改善され、継続されました。現在も毎回改善され続けています。第３回「ミニたまゆり」から執筆者の番匠が代表を務めることになりました。学生への教育効果を重視した活動を目指し、以下の事項を掲げて運営することにしました。

・学生の活動が、児童・保護者・地域から評価されるようにする（有用感の育成）
・学生が自らの活動に自信と誇りを持ち、下級生を指導する（自己肯定感の育成）
・学生が責任を持って、工程管理・リスク管理を行う（マネージメント力の育成）
・積極的に協力団体を受け入れ、学生と協働する（コミュニケーション力の育成）
・絶えず活動を振り返り、改善点・目標を掲げ実践する（ＰＤＣＡサイクルの実践）

その後、ミニたまゆりの活動は、子どもにも大人気のイベントとなり、地域や保護者から大きく評価されるように変わり、３日間で３０００人の来場者を集めるほどの大規模なイベントに成長しました。また、40を超える企業・団体が参加するようになりました。

一般的な「こどものまち」では、大人の入場が禁止されていますが、「ミニたまゆり」では大人も会場に入り、子どもたちのようすを見ることができます。これは、保護者に子どもの働く姿を見て、子どもの可能性に気づいてもらうことを期待しているためです。保護者からは、「自宅ではいつも怠惰な我が子が、一生懸命仕事をする姿を見て感動しました」といった趣旨の意見が多く寄せられます。

子どもには個性があり、相性の良い仕事、そうでない仕事があります。「ミニたまゆり」を通じて、子どもが多様な仕事を体験し、自分に合った仕事を見つけ、その姿を保護者に見てもらいたいと考えています。

20年近くの活動を経て、「ミニたまゆり」は、地域の人々や子どもたち、大学生を結びつけ、未来を担う子どもたちのために協力し合う、地域の場となっています。「ミニたまゆり」を経験した子どもたちが、大学生として本学に入学する事例も増えています。

「ミニたまゆり」の特徴

①「こどものまち」を大学教育に活用し、大学生の有用感・自己肯定感・マネージメント力・コミュニケーション力などを育成する。
②本物の川崎市長や国会議員などが毎回訪れ、子どもと意見交換する場を設けている。
③地域との連携が強く、多くの行政機関・企業・団体と協力して子どもたちへの働きかけを行う。
④蓄積したノウハウを他地域の「こどものまち」支援として展開している。「かながわ子ども合衆国」や、ベトナム社会主義共和国で開催された「ミニフエ」など他地域での普及活動もしている。

二　「ミニヨコハマシティ」は、こうしてできた

── How to make minicity (Miniyoko Version)

（1）まちづくりをする子どもたちの集め方──子どもに響く広報とは？

「まち」をつくりたい子どもたちが集まれば、もう「こどものまち」は成功したと言えます。そのチームの呼び方は「まち」によってさまざまですが、「ミニヨコ」では「運営市民」と呼んでいます。初めて行う場合には運営市民はひとりもいないので、募集をします。募集の呼びかけの方法はいくつかありますが、多くの方法を同時に試しましょう。

「ミニヨコハマシティ」のチラシ（2023年）

★小中学校への全児童生徒配布

行政や教育委員会の後援をとるなどして可能になります。いちばん効果がありますが、第1回目の場合実績がないため許可が下りるかどうかのハードルが高いかもしれません。心ある職員の方に事前相談をしてなんとか通しましょう！　行政に断られても3回は足を運びましょう。全児童生徒配布が難しい場合には、校内にポスターだけでも、

というところから突破していきましょう。だんだん理解が得られます。

★周辺エリアの公共施設でのチラシ配布

地区センター（横浜ではこう呼ぶ）、児童館などの公共施設で子どもやその保護者が集まる場所にチラシをおいてもらいましょう。この場合、市や区の後援があると2つ返事でおいてもらえますので、前項でも書きましたがなるべく後援をとりましょう。後援は役所の窓口で相談すれば申請の方法を教えてくれます。部署は子ども青少年局や区の地域振興、青少年支援などになることが多いでしょう。それぞれの行政区で違いますし、1カ所がダメでもまた他の部署にトライしてみましょう。「こどものまち」は素晴らしい事業です。あきらめないことです。

★プレスリリースする

新聞、テレビ、ラジオなどのメディアは「初の要素」があれば掲載されやすいです。とくにはじめて行うときには、プレスリリースを書きましょう。リリースのコツは、そのまま記事にできそうに趣旨や目的がわかりやすく明確に書かれていることと、記事の魅力になりそうなユニークなポイントも書かれていることです。「子どもたちの事前会議も取材していただけます」「必要なイメージ写真は提供できます」などがあ

マスコミ各位

2017/03/15
NPO法人ミニシティ・プラス
045-306-0004
minicityplus@gmail.com

今年のミニヨコハマシティは、はじめてまちなかで開催します！

ミニヨコハマシティ」は、こどもたち（19 歳以下のひとりで参加できるこども）が自分たちの理想のまちをつくるためのアイデアを出し合う会議を重ね、実際に数日間の「ミニヨコハマシティ（以下ミニヨコ）」というまちをつくる社会体験プログラムです。

毎年、住宅展示場ハウスクエア横浜で行ってきたミニヨコハマシティが、今回はじめて、中川のまちで行うことになりました。本物のまちの中でこども運営市民たちが自分たちで考えたお店を出し、当日参加のこどもたちをアルバイトで雇いながらまちを運営します。市役所や銀行、おしごとセンター（ハローワーク）などもあります。

また今回は、都筑区役所や明るい選挙推進協議会に協力いただき、本物と同じ投票用紙をつくっていただきました。市長選挙には現在小学生から高校生まで、6名の立候補があり、選挙選も白熱すると思われます。

別紙チラシのとおり、こどもたちが大人ツアーや、大人インターンなど、大人が体験できるコーナーもあります。

ぜひ当日取材をお待ちしております。受付にいっていただければ、現市長や立候補者などの取材ができるようにつなぎます。

事業名：ミニヨコハマシティ 2017
【日時】3月20日（月）10時～16時（入場15時まで）
【場所】中川西地区センター体育館とそこから中川商店街、パレット中川周辺までの遊歩道。
【内容】　こどもたちが、運営する、ミニシティの概要
市役所、ミニヨコ学校、銀行、おしごとセンター、選挙管理委員会などの公共施設
こどもたちが運営する、雑貨店、ゲームセンターなどの、飲食と物販のお店
選挙、音楽などのステージイベント　そのほかこどもたちが企画するイベント等

主催：NPO法人ミニシティ・プラス
共催：中川西地区センター
後援：都筑区役所、神奈川県、公益社団法人こども環境学会、キッズデザイン協議会

＊事前のチラシのデータ、掲載用写真のデータなど、データ等でお渡し可能です。
＊当日のこども市長へのインタビューなどにも配慮します。

「ミニヨコ2017」プレスリリース

ると、記者も取材しやすいでしょう。新聞を家族が見て、子どもに勧めるというのはよくあります。

★まずは身内や身の回りの子どもから

子どもが、子どもに呼びかける、これがいちばん確実です。スタッフのお子さん、近所の知っている子ども、など身の回りに子どもがいたらまず誘ってみましょう。その子がおもしろい、と思ってくれたら「一緒にやろうよ」と友だちを誘ってくれて、どんどん広がります。

注意：チラシは、可能なら同じ年齢の子どもたちにコンサルしてもらいましょう。難しい言葉や読めない漢字などは絶対使わないようにしたいものです。さらに「ミニヨコ」では、あまり子どもっぽくならないように意識しています。

(2) 子ども会議までに準備すること、もの

――子どもたちが自由に意見を出しやすい雰囲気をつくる

「ミニヨコ2023」子ども会議

★会議室は机の配置が大事

全体説明をするときには教室スタイルでもよいのですが、みんなで話し合うときにはワークショップスタイルの机の配置にしましょう。何もしないと、学年ごとや男女

子ども会議の付箋

でわかれてしまったり、友だち同士で固まったりしがちですが、最初の会議の一番の目的は「まちをつくる子どもたちがみんな仲良くなる」ことです。なかよくなるための仕組みを考えましょう。

「ミニヨコ」では、最初はすきな席にすわってもらい、ワークショップでは席替えをします。たとえば席替えは5人のグループにしたいときに5種類のキャンディをくじでひいてもらい、同じキャンディの人が同じテーブルになる、などランダムに決めたりします。くじでもよいのですが、キャンディの方が食べられるし、楽しくなります。子ども会議にキャンディは必須です。

★意見が出しやすいような仕掛け

付箋を用意して、どんどん意見を書いていくようにします。絵でもよいと思います。最初は意見が出づらいことがあるかもしれません。そのようなときには大人も積極的に参加しましょう。決定するのは「子ども」になりますが、アイデアがたくさん出るのはよいことです。

未就学児で字がうまく書けない子どもがいたら、大人が手伝ってあげましょう。付箋には1枚に1項目書くように伝えます。アイデアをグループごとにまとめるときに、2つ以上書いてあると分けられません。できれば見やすい太字で書けるサインペンなどがあるとよいでしょう。このほか、付箋を貼る模造紙やアイデアの人気投票を

子ども会議のようす

行う丸シールなどは必須品です。

★参考になる資料をさりげなく提示

会議の内容に合わせて、参考になる資料をプロジェクターで投影したり、実物を置いたり（他のこどものまちの報告書とか、書籍とか）。ミニヨコでは、ミニ・ミュンヘンのようすの写真のスライドショーなどを投影することがあります。

★可能なら、おやつや飲み物があると楽しい

子ども会議は何時間ぐらいやるとよいか、と大人によく聞かれます。ミニヨコでは1日がかりで子ども会議を行います。長時間になりますのでキャンディなどがあるとなごみます。

(3) 子ども会議の進め方の例——大人がしきりすぎないよう注意！

これこそいろいろな進め方があると思います。「ミニヨコ」では前回のやり方を踏襲しない、一から新しく考える、としているので、毎回イメージを考えるところから始まります。最初に大人から今回の「こどものまち」が開かれる場所と時期を説明します。写真などあれば提示します。

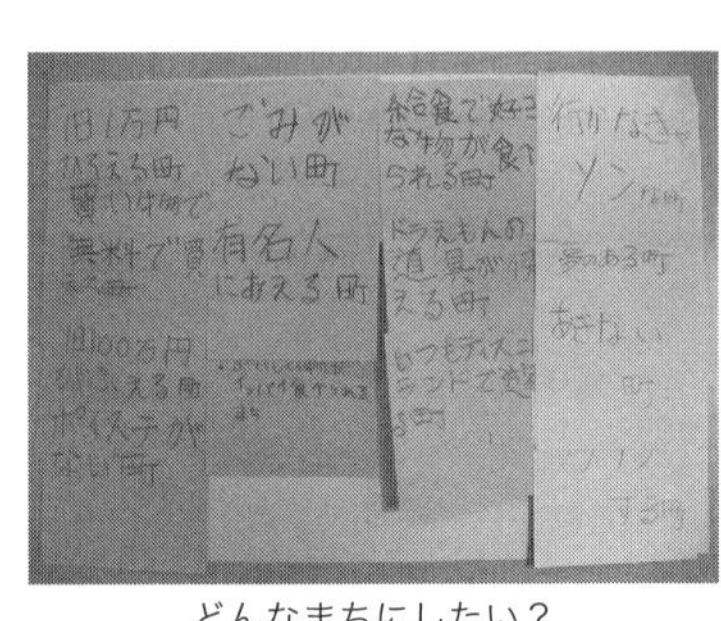

どんなまちにしたい？

①どんな「まち」にしたい？（30分〜1時間）

「にぎやかなまち」「宇宙人がいるような未来のまち」「迷わない、わかりやすいまち」など、どんな「まち」がつくりたいかのアイデアを出し合います。第一回は顔合わせも兼ねているので、どんな子どもがどんな風に考えているのかをお互いに知ることも大切な時間です。選挙で選ばれた市長が会議を進行します。付箋に書いて出し合い、グルーピングして、どんなアイデアが出たかをまとめ、発表しあいます。このとき結論は出さなくてもよいです。

②「まち」に必要なものって何？（30分〜1時間）

「カフェ」「銀行」「広場」など、「まち」の機能として必要なものは何かを話し合います。自分が欲しいもの、ないと困るものなど。これらも付箋に書いて出し合い、グルーピングして、どんなアイデアが出たかを発表しあいます。

③自分が「まち」でやりたいこと、お店って何？（30分〜1時間）

ここで初めて自分が何をやってみたいかを考える時間を取って、発表します。必ずしも「まち」に必要なもの＝自分がやりたいことは一致するとは限らず、順番に発表していくと、②で考えた「まちに必要なもの」が足りなくなることがあります。本当に必要な機能がある場合、それをどうするのかを、みんなで話し合います。また似通ったお店が出たら、競合店になってしまうので、一緒にやるのか、ちょっと趣向を変えるのか、などを個々で話し合っていきます。（この時間で全部が決定ではないので「次回の会議までで確定するのでもう一度考えてきて」と言うと、次回に「まち」に足りない、必要な機能をやろう！　という子どもが出ることもあります）

おおよそ、ここまでを1日（3～4時間）で行うことも多いです。2回に日程を分けて行うこともあります。

宿題：コンサルシート（表1）を次回までに記入してくる

コンサルシートの書き方について

①お店や施設の名前

キャッチーな楽しい名前がつけられるとよいので、前回までの例や、他の「こどものまち」で楽しそうな名前のお店を伝えて、例に出してみるなどします。

②お店を担当する子どもの名前

誰がリーダー（店長）かも決めてもらってもよいですね。

表1　こどものまちコンサルシート

こどものまち・コンサルシート	
店名・施設名	
担当の名前（店長に○）	
商品・サービスの内容（なにを売るか、どんなサービスをするか）	
例）くじ引き1回（チケット1枚）、お客さんが来たらクジを引いてもらう。はずれはキャンディ2個	
材料（商品［売るもの］として必要なもの）×数（単位）	
機材（店・施設をつくるのに必要なもの）×数（単位）	
アルバイトの仕事（最低5種類と雇える人数）	
問題点、わからないこと、困っていること、おとなにお願いしたいこと	

③どんなジャンルのお店か？

公共、お店（飲食あり、なし）、サービス系（タクシーや宅配便など）を書いてもらいます。たとえば、放送局は公営放送なら担当の子どもは給料になります。しかし、コマーシャルで他のお店からお金をとって放送する例もあります。お店の宣伝1回1分20ミニヨン（「ミニヨコ」の通貨の単位）などです。そうすると公共ではなく、サービス系となります。

④具体的な内容について書いてもらう

飲食店なら、ジュースにクッキーをつけて売りたい、とか、雑貨屋さんなら、折り紙を折って売る、栞（しおり）を作って売る、など。売る値段も考えてもらいます。このとき値段の基準になるのが、「仕事」の時給になるので、これだけは最初に決めておく必要があります。「30分働いて50ミニヨン」というような基準です。30分働いたら、ジュースが飲めておつりがくるくらい？　だから、ジュースは30ミニヨンかなあ、というようにまずは決めてみます。このとき他のお店同士で値段を調整することもあります。

⑤必要な材料を書いてもらう

④で書いた内容に使うものと量を書いてもらう。その中で数量は何を基準にするか

が子どもにはわからないので、たとえば1日子ども100人が来ることを予定しているということを大人から提示します。

じゃあ100人分用意するのかというと、たとえば雑貨やさんのワークショップでは、1つの作品をつくるのに10分かかり、テーブルに5人しか座れないなら、おのずと量が決まってきますよね。そこは大人と相談しながら目標を書いてもらいます。

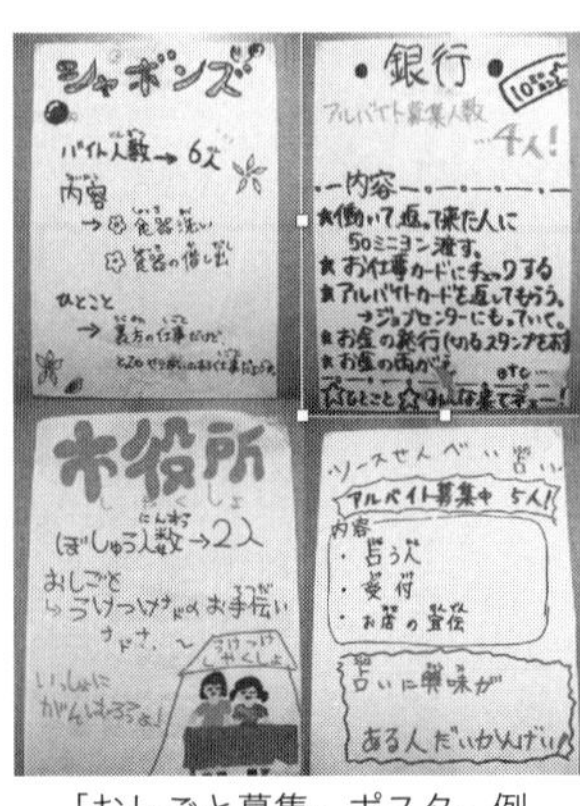

「おしごと募集」ポスター例

⑥当日の子どもを雇う人数を決めてもらう

1つのお店でどのくらいのアルバイト（「ミニヨコ」では子どもの仕事をアルバイトと呼ぶ）が必要なのかを確定してもらいます。ほおっておくと、子どもたちは「アルバイトはいらない」「1人しか雇えない」などと言ってくるので、「アルバイトを雇わないと〈まち〉の経済が回らないことや、お店を知ってもらえないこと」をていねいに説明する必要があります。人数はおおよそ5人から10人くらいの間がよいでしょう。そしてアルバイトが来たときに困らないよう、仕事内容も書いてもらいます。「お客さんを並ばせる係」「お金をもらい、箱に入れる係」「お店の看板をもって宣伝にいく係」など。小さい子どもでもできることも考えておかないと、困ることもあります。

アルバイトの人数はジョブセンターに報告し、それを受けてジョブセンターではネームホルダーをつくります。「雑貨やさん」5人雇うならば、5コの「雑貨やさん」

と書いたネームホルダーを作ります。それをつけている子どもがアルバイトしている状態で、そのネームホルダーが出払っていれば、そのアルバイトは現在なし、ということになります。

(4) 場所の選び方

同じ場所で開催する「こどものまち」が多い中、「ミニヨコ」ではさまざまな場所で開催してきた経験があります。予算や規模感で違ってくると思いますが、まず場所を選ぶとき、どんなことを考えたらよいかのヒントになればと、選択するときのポイントを上げておきます。

★屋内 or 屋外 or 両方ある場所

どちらもメリット、デメリットがありますが、雨天中止がきついので、「ミニヨコ」では屋内か、両方を備えている場所で実施することが多いです。屋外の場合にはテントの費用がかさみます。屋内は建物自体のレンタル費用が高い場合があります。公共施設は比較的低料金ですが、参加費が無料か有料かでも変わってくることが多いです。商業施設などでは来場者が増えることによる集客効果をお伝えし、タイアップにより、無料で借りられるように交渉しています。

「まち」の広場

食べ物やさんはいつも人気

★広場となる場所を作りたい

「まち」の一体感を出すためにも広場にできる場所があるとよいです。「まち」のはじまりや終わりにみんなで集まったり、市長選挙をしたり。そういう場所が作れないときには、「まち」の一体感を出すために、防災用のミニFMなどで各場所に聞こえる放送局を作ってみるのもよいと思います。お店の宣伝や「まち」の情報などをみんなで共有できることは重要です。放送局があれば、市長選挙の政見放送も行えます。「まち」は子どもたち同士が協力し合ってできるものなので、「まち」の一員であることを一人ひとりが認識するための「広場」が必要です。

★キッチンになる場所があるかどうか

飲食店はいつも大人気です。「ミニヨコ」では、一般的なワタアメやポップコーンのお店よりも独自路線をいく飲食店がたくさん出ます。餃子を出したい！　という子どもがいたとき、さすがに生肉は扱えないので、ツナ缶とキャベツをつつんで、ホットプレートで焼くお店ができて、大人気でした。ホットプレートで焼くナポリタンを出したこともありました。チキンラーメンにお湯を入れてトッピング（乾燥わかめ、フライドオニオン、粉チーズ等）をセルフで行うラーメン店も登場しました。

このようなとき、保健所の許可を通過するのに、衛生面で手洗い場などの確保が必要になります。キッチンとして使われている場所があるとベストです。プロの業者の方に裏方として協力いただき、キッチンカーを入れたりなどの工夫もあるでしょう。各自治体でのルールがあると思うので、子どもの要望が叶わないことがいちばん多くあるのが飲食店です。安全第一なので、ここはきちんと子どもたちと相談して実施しましょう。

(5) 協力、協賛の集め方

★大人スタッフについて

何か行うときにヒト、モノ、カネの3つが必要と言いますよね。ヒトはコアスタッフの他、ボランティアなどを外部の方にお願いすることがあります。子ども市民だったOBとして参加する場合は説明の必要もほぼないですが、外部の方にはまずは「こどものまちの理念」から理解してもらうことが必須です。

私たちもわかっているつもりで、大人の人にまかせていると、気がついたら子どものお店を大人が切り盛りしていることがあります。聞いてみると、行列ができているのに子どもたちの手際が悪いから並んでしまうのを解消したい、などと言われます。大人店長のお店になってしまったら本末転倒です。ほどほどのお手伝い、裏方に徹すること、アドバイスはOKだけど決定権は子どもたちに、などを、ていねいに説明したマニュアルが必要になります。(231頁参照)

大人口出し禁止ポスター

表２　ミニヨコ収支予算書例

収　支　予　算　書

区分	項目	金額	積算の内訳
収入	助成金	355,000	よこはま夢ファンド
	入場料	290,000	500円×500人　.大人ツアー80人×500円
	合計	645,000	

区分	項目	金額	積算の内訳
支出	設営費	100,000	運搬費用含む
	ボランティア人件費	160,000	１日8000円×10人×２日
	賃貸料	120,000	会場使用料
	印刷費	25,000	チラシ@５円×５千枚
	賄い費	60,000	準備、当日スタッフ弁当@800円×75人分（３日）
	消耗品	150,000	こどもたちのお店に使う費用
	保険料	30,000	イベント保険一式
	合計	645,000	

★予算の立て方

よく「ミニヨコ」の予算書を見せて欲しい、と言われます。「ミニヨコ」では非常にミニマムに行っています。たとえば2日間で１０００人が来た場合、表2のようにおおよその予算を見積もります。

★助成金の申請など

「こどものまち」は比較的、助成金に応募しやすい事業だと思います。今までに「ミニヨコ」で獲得した助成金は以下です。

・２００６年度：こども青少年局委託事業
・２００７年度：ＪＴの青少年助成に関するＮＰＯ助成事業／企業協賛あり
・２００８年度：はまっこイベント大賞賞金／子ども夢基金／企業協賛あり
・２００９年度：年賀寄付金／国際交流基金（こどものまち世界会議を横浜で開催）／子ども夢基金／こども青少年局委託事業／企業協賛あり
・２０１０年度：横浜青年会議所の「かながわ力大賞」賞金／ト

強化ダンボールで繰り返し使えるミニヨコキット：ミニヨコではダンボールのファサードでお店が作れるキットを16セットつくりました。長机にくくりつけて使います。黒板塗料を塗ってあり、チョークで書いたり消したりできるすぐれものです。

ヨタ財団ユース助成金／企業協賛あり
・２０１２年度：年賀寄付金／よこはま夢ファンド／企業協賛
・２０１３年度：よこはま夢ファンド／企業協賛

初期立ち上げのときには「子ども夢基金」などは実績の少ない任意団体でも応募できるものとして多くの「こどものまち」が利用しています。ただし予定通り進められないと細かい調整が必要になる助成金なのでよく応募要項を読んでから応募しましょう。

（番匠　一雅　記）

三 「ミニたまゆり」は、こうしてできた
── How to make minicity（Minitamayuri Version）

（1）大人スタッフの募集方法

「ミニたまゆり」は、田園調布学園大学で展開されているプログラムですが、イベントを運営する教職員は最低限の人数に留まります。実際の作業は、大学生と地域の協力団体のスタッフが中心となり進行します。よって、毎年のスタッフ募集は非常に重要なタスクとなります。

★活動の魅力だけでなく、自分たちのメリットも強調する

「こどものまち」への参加者は、大半がボランティアとして参加します。参加する人々は、金銭的報酬のかわりとなる特別な経験を求めています。どのような経験が得られるのか、具体的にイメージできるよう説明することが重要です。学生に対しては、「ワクワクする体験」と「自己成長」をアピールします。また、協力団体には、子どもたちがその団体が提供する職業を体験することで得られる、認知度の向上や地域貢献によるイメージアップなどのメリットを説明します。

学生スタッフ

★地域のネットワークを利用する

大人スタッフを募集する際、どのように募集情報を拡散すればよいか迷うこともあるでしょう。初めに、地域で発言力や影響力を持つ人物や団体の協力を得て、地域のネットワークを最大限に活用することを推奨します。例として、町内会長、商店街会長、子ども会やＰＴＡの役員、市議会議員などがあげられます。彼らに活動の趣旨や目的を理解し賛同してもらったら、具体的な協力を依頼します。ビラの配布、スタッフの勧誘、協賛金集めなど、依頼内容は多岐にわたります。「ミニたまゆり」が開催される川崎市麻生区では、「ザックの会」という集会が定期的に開催され、行政、学校、企業、団体の代表者が参加します。ここでの募集活動により、ほぼすべての地元行政機関や多くの団体が協力してくれています。

(2) 子どもへの情報発信方法

他地域の「こどものまち」から、イベント当日に子どもたちが集まるか否かについて心配する声を耳にすることがあります。しかし、「こどものまち」は全国どこでも人気があり、多くの子どもが集まります。ですから、私はイベント自体の集客については心配していません。もし応募が少なければ、その原因はおそらく情報の伝達方法に問題があるのだと考えます。

プロ声優による指導！
ユーチューバー体験

本物そっくりの
食品サンプルを作ろう！

特別企画（本番チラシより抜粋）

★子どもがワクワク感・期待感を持てる情報を伝える

子どもたちは、率直な思考を持って行動します。つまり、面白そうなことには積極的に参加し、つまらなさそうなことには参加しません。そのため、募集チラシやウェブサイトに、子どもたちがワクワク感・期待感を持てる要素を盛り込むことが重要です。集客に困っている「こどものまち」の情報を見ると、大人が伝えたいこと、大人がやりたいことだけが掲載され、子どもにとっては魅力的でない情報が多いのです。

チラシやウェブサイトを作成する際も、対象者である子どもの意見を取り入れることが非常に重要となります。子どもが何に興味があるのか、何が楽しいのかを子どもの視点で考えましょう。実際に関わっている子どもに聞いてみるのもよいと思います。

「ミニたまゆり」の場合、子どもたちが喜びそうな注目企画を大きく表示します。例えば、食品サンプル作り、ユーチューバー体験、声優体験などです。そして、チラシの表面には、子どもたちの興味を引く企画を大きな文字で明瞭に記載し、裏面には、保護者向けの詳細情報を詳述します。（235頁参照）

★教育委員会・校長会・小中学校との連携

子どもたちへの募集チラシやホームページが完成しても、それらを子どもたちに見てもらわなければ、その効果は期待できません。多くの子どもたちに情報を伝達するためには、小学校や中学校との連携が非常に効果的です。しかしながら、個人が直接

ラジオ出演

テレビ出演

小中学校にチラシを持ち込み、全校配布を依頼しても、その要請が受け入れられることは困難でしょう。全校配布を実現するには、市の教育委員会の支援を得て、校長先生が集まる校長会で配布許可を取得する必要があります。個人が教育委員会の支援を獲得するのは容易ではないので、町内会長や市議会議員からの推薦を得るための働きかけをするとよいでしょう。

★地域ＦＭ局・ケーブルテレビなどのローカルメディアを活用

子どもたちがケーブルテレビの番組や地域ＦＭ局の番組に出演し、イベントの告知をすることも効果的です。これは子どもたちにとっての貴重な目標設定や成功体験に繋がります。「みんなが作った〈こどものまち〉をテレビやラジオを通じて視聴者に伝えよう」という目標を設定し、「子ども会議」で原稿作成やスピーチの練習を行うとよいでしょう。これを選挙で選ばれた子ども市長の役割として位置づけることも考慮するとよいでしょう。

ラジオやテレビに容易に出演できるかどうか疑問に思う方もいるかもしれませんが、多くのローカル局では常に新たな放送内容を探しています。子どもたちが関与するイベントは、放送局が注目する可能性が高いため、さまざまなメディアにアプローチしてみることをお勧めします。同様に、地域の情報誌や新聞でも取り上げてくれる可能性もあります。

オープニングパフォーマンス

（3）「子ども会議」の進め方

「子ども会議」は、「こどものまち」にとってきわめて重要な活動です。まちづくりに子どもたちの意見を活かすために、自由に意見を発言できる雰囲気づくりが重要となります。

★楽しい雰囲気づくりが重要

子ども会議は通常、複数回実施されます。「ミニたまゆり」では、第1回目の「子ども会議」は子どもたちと大学生との友情形成を目指しています。参加者全員、子どもたちも大学生スタッフも、緊張しています。そのため、アイスブレークゲームを用いて雰囲気を和ませ、ニックネームで呼び合える関係を築くことが重要です。具体的な議論が進まなくても、第1回目の「子ども会議」で子どもたちが「楽しかった、次の会議が楽しみ」「また大学生のお兄さん・お姉さんたちに会いたい」と感じてくれたなら、それが最高の結果だと考えています。

★緊張を解くアイスブレークゲーム

アイスブレークゲームとは、初対面の人々が緊張を解き、すぐに親睦を深めるための手法です。インターネットで調べればさまざまなアイスブレークゲームが紹介されていますが、ここでは「ミニたまゆり」で実施した例を紹介します。

十人十色ゲーム

これは、「ペットを飼うなら犬？　それとも猫？」というように2つの選択肢から1つを選んで各自の好みを共有するゲームです。同じ答えを選んだ人にはお菓子が配られます。

準備：子どもたち10人弱を広いスペースに集めます。スペースの両サイドにテーブルを置き、お菓子を用意しておきます。

1. 1名の回答者を選びます。回答者はスペースの中央に立ってもらいます。
2. 回答者に自己紹介をしてもらいます。
3. 司会者：「次の質問は回答者以外の人たちに向けたものです。ペットを飼うなら犬？　それとも猫？　犬を選ぶ人は右へ、猫を選ぶ人は左へ移動してください」
4. 回答者以外の人たちは、自分の好みに従って移動します。
5. 司会者：「それでは、回答者の好みを聞いてみましょう。犬が好きなら右へ、猫が好きなら左へ、移動してください」
6. 回答者：「私は……犬が好きです」と答え、右へ移動します。
7. 回答者と同じ答えを選んだ子どもたちに1つずつお菓子を配ります。

アイスブレークゲームの説明をする大学生

ゲームで獲得したお菓子

8. 新たな回答者を選び、「2」から同じ手順を繰り返します。

出題例

・宿題はすぐに終わらせる？　それともギリギリまで待つ？
・人前で話すのが好き？　それとも嫌い？
・グループのリーダーになりたい？　それともなりたくない？
・大人に早くなりたい？　それとも子どものままがいい？
・習い事をするなら運動関係？　それとも芸術関係？
・将来の夢は決まっている？　それともまだ決まっていない？
・遊ぶなら家の中？　それとも家の外？

アイスブレークの目的は参加者の性格や特性を理解し、共通点を見つけて仲良くなることです。自分の特性を共有するゲームを通じて、参加者の特性を知るだけでなく、「こどものまち」運営の参考になる情報や、グループリーダーや子ども市長を選ぶ際の役立つ情報が得られます。

★子どもたちから活発な意見を引き出す工夫

子どもたちに対して「やりたい仕事のアイデアを考えてみよう」「〈まち〉のルールを提案してみよう」などのテーマで話し合いを促すことがありますが、時として意見がなかなか出てこない状況も生じます。子どもたちは頻繁に「正解」を出そうとする気持ちに引きずられ、アイデアが浮かんできてもそれが「正解」かどうかを慎重に考え、意見を発言することに躊躇してしまうのです。

このような状況に対処するための有効な方法として、ゲームの力を利用することが挙げられます。ゲームとは、グループあるいは個人が特定の目的のために競い合い、勝敗を決めるものです。勝利者に対してお菓子などの賞品を提供すると、その効果はよりいっそう高まります。

グループワークの発表

たとえば、グループワークでアイデアを出す際に「アイデアを書き出した付箋の枚数を競います。枚数が多いグループには賞品を差し上げます」とアナウンスすることで、子どもたちは内容の良し悪しよりも多くのアイデアを出すことに集中するようになります。その結果、子どもらしい非現実的な意見も表れることでしょう。ですが、何より重要なのは、提出されたすべての意見を肯定し、ほめてあげることです。そうすることで子どもたちは「何を言っても大丈夫なんだ！」という気持ちになり、心の壁が取り払われ、自由な気持ちでアイデアを出すことができるようになるのです。

★子ども市長選挙

ミニ・ミュンヘンをはじめ、ドイツの「こどものまち」では、子どもの代表を選ぶ

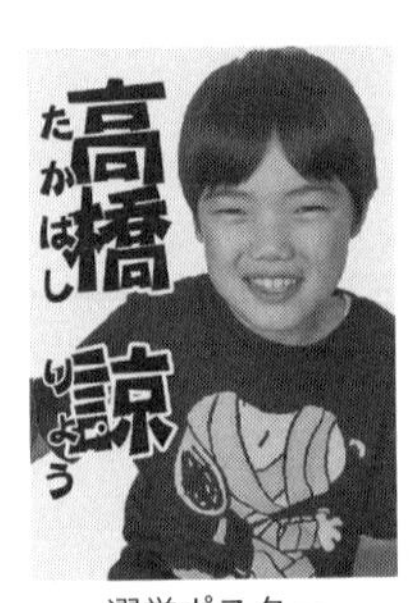

選挙ポスター

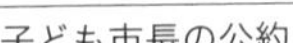
私の考えた公約（こうやく）

ぼくが子ども市長になったらフードバンクの活動をしたいです。そのために
みんなに日持ちのする食べ物を家から持ってきてもらって、食べ物を食べら
れない人にきふします。
ぼくが市長になったらみんなが元気になれる声がけや、あいさつをしたいです。
ぼくは声が大きく、わらい声がおもしろいといわれます。なのでみんなが、
えがおになれる、ミニたまゆりを作りたいです。
みなさん、ぜひ、ぼくにとうひょうしてください。
おねがいします。

子ども市長の公約

選挙が行われます。それとは対照的に、日本の「こどものまち」では、ドイツに比べ代表の選出が少ない傾向にあります。（217頁参照）また、代表に選ばれた子どもの業務が特に用意されておらず、開会式や閉会式の挨拶など、象徴的な業務しか担当していない事例も多く見られます。

「ミニたまゆり」では、子ども会議に参加する子どもたちの中からで代表選挙を行っています。他の「こどものまち」では、イベント本番に選挙を行うことが一般的ですが、「ミニたまゆり」では、イベント本番で子どもの代表が担当する業務が多く、その事前準備が必要なため、子ども会議で選挙を行っています。選挙に出馬する子どもたちは、公約と選挙ポスターを用意します。公約には、代表に選ばれた際に実現したい具体的な提案を書いてもらいます。上の写真は、２０２３年に選挙に出馬した高橋さんのポスターです。

選挙で当選した、子ども市長には、次のような業務が待っています。

・子ども会議での司会
・ローカルＦＭ局やケーブルテレビへの番組出演
・オープニングのテープカット
・川崎市長・議員などとの対談
・来客への「こどものまち」の案内

川崎市市長との対談

・子ども市議会への出席
・模擬裁判への出席
・閉会式の挨拶

「ミニたまゆり」では、毎年、川崎市の市長や地域の国会議員を招待し、「こどものまち」の視察や子どもの代表との対談を行っています。その対談では、子ども会議で話し合われた内容や、子どもたちが地域で暮らしやすい環境について提案します。そのほかに、「ミニたまゆり」に設置した意見箱を通じて集められた子どもたちの意見を、子ども市議会で議論し、子どもたちの要望に可能な限り応える政策を実行することも重要な子ども市長の仕事です。

(4) イベントの運営

「ミニたまゆり」は20年近くにわたり活動を続けてきており、その間には絶えず運営方法の改善を行ってきました。「こどものまち」をはじめたばかりの団体が経験しやすいトラブルとその対処法について解説します。

職業案内システム

★職業案内所の運営は最重要課題

「こどものまち」における最大の課題は職業案内所の運営です。参加する子どもたち全員が定期的に訪れる場所であり、そのため最も混雑します。受付の進行がスムーズに行われるかどうかが、イベントの成功に大きく影響します。

一般的にはカード形式の運営が多く、職業案内所には求人の人数分の職業名が書かれたカードを用意します。子どもたちは紹介された仕事のカードを手にし、それをもって職場に移動し、仕事をします。カードが職業案内所から無くなると、その仕事の求人がなくなったということになります。仕事を終えた子どもたちは、カードを持って銀行に行き、給与を受け取り、カードを返却します。銀行で返却されたカードは、職業案内所で再度配布されます。

しかしこの形式には問題点があります。カードを紛失する、給与を受け取らずに子どもが帰宅する、回収したカードを職業案内所に戻すのにタイムラグが生じるなど、求人が余っているにもかかわらず職業案内所で仕事を紹介できないトラブルが起こります。

「ミニたまゆり」ではこれらの問題を解決するために、コンピュータを活用した職業案内システムを開発しています。バーコードリーダーを使い、子どもでも簡単に操作できるシステムです。デメリットとして、各受付でパソコンとバーコードリーダーを用意する必要があります。ブラウザー経由で利用できるソフトなのでＵＲＬさえ伝

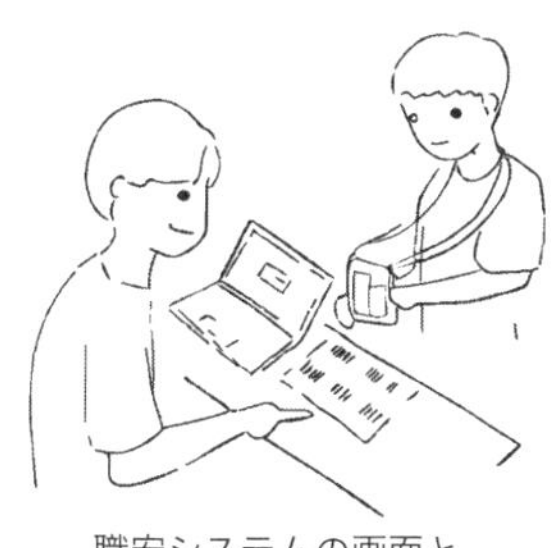
職安システムの画面と、
バーコードを読み取っているイラスト

エコバザー

えれば、どこでも運用することが可能です。「ミニたまゆり」では、希望者がいれば職業案内システムを無料で提供しています。

★余った通貨の活用

「こどものまち」では、イベント開始直後は通貨を持っている子どもが少なく、みんなが仕事をしようとします。一方でイベント終了直前には、稼いだ通貨を使おうとするため、みんなが消費に走ります。特に終了直前に得た通貨は、使い道がなく、途方に暮れる子どもたちが多いです。これらの問題を解決する1つの方法として、エコバザーの開催が有効です。

エコバザーでは、自宅で不要となった子ども向けの物品を、イベント開始時に受付で回収し、その個数に応じて「こどものまち」の通貨と交換します。集められた物品は、イベント終了後（または直前）に開催されるバザーで、余った通貨と交換できるようにします。ＳＤＧｓを意識したエコ活動となり、余った通貨の使い道にもなりますし、イベント開始直後の通貨がない状況も解消できます。

★税金の集め方と使い方

多くの「こどものまち」では、給与の一部を税金として納める制度があります。税

かながわ子ども合衆国の紙幣

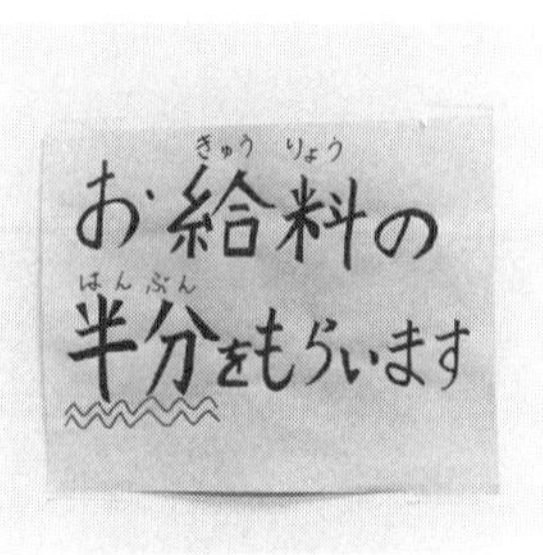

税率の説明

金の集め方は、各地域によってさまざまですが、「ミニたまゆり」では、個人からの所得税と店舗の売り上げに比例する法人税を集めています。「ミニたまゆり」を立ち上げた直後は、できるだけ手間を省きたいという思いがあり、源泉徴収を行っていました。すなわち、子どもたちには、30分で２２０ユリー（「ミニたまゆり」の通貨）支払うと明記しておいて、実際に銀行で受け取る給与は２００ユリー（20ユリーが税金）としていました。子どもたちは、どうして20ユリー少ないんだろう？ と疑問を持ち、税金の意味を理解してくれると考えていました。

しかし実際にはこの方法では、税金を納めているという感覚を抱きにくく、税金に対して真剣に考えられないということがわかりました。そこで、手間はかかりますが、銀行の横に税務署を設置して、一度支払った給与の一部を税金として納める方法を採用しました。30分で４００ユリー、税金として納めるのは２００ユリー、なんと税率は50％です。これは、低学年の児童でも税務署職員の仕事ができるように税率の計算を簡単にしたかった（給与の半分を納める）のと、税金を納めることに対して、大きな衝撃を与えたかったからです。効果はテキメンで、保護者からの感想には、「家に帰ってきてから、〈税金で半分取られた。税金ってなんで払わないといけないの？〉などの会話をするようになり、税金について親子で考える機会になった」、などの感想が集まりました。

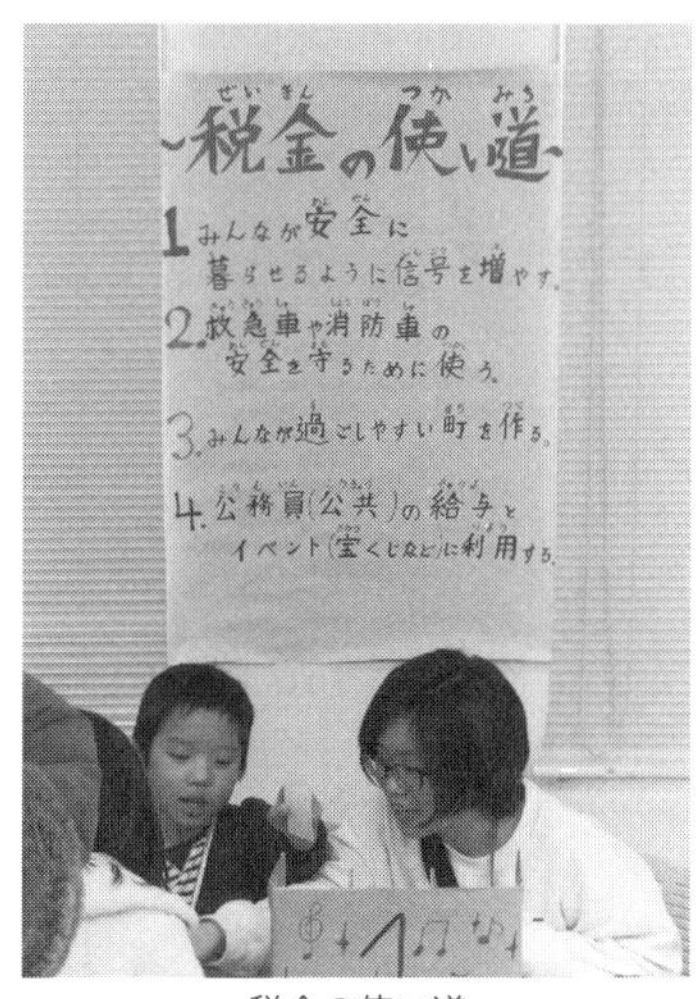

税金の使い道

2016年からは、地域の税務署からの協力・提案で、法人税調査員という仕事が始まりました。これは、2時間に1度、調査員がすべての店舗にまわり、売り上げの個数と金額を確認し、その10%を法人税として回収する仕事です。調査結果は2時間ごとに税務署で公表され、その日、一番税金を納めた（稼いだ）店舗は、表彰されるというルールを導入し、店舗を運営する子どもたちのやる気を向上させる効果につながりました。

集めた税額

「ミニたまゆり」の税務署では、集めた所得税や法人税の金額がリアルタイムで表示されます。すると、集めた税金は何に使われるのか気になる子どもたちが現れます。「ミニたまゆり」での税金の使い道は、市役所・職業案内・警察など、公共機関で働く子どもの給与として支払い、余った通貨の使い道は子どもたちが決めるというルールになっています。市議会で、余った税金の使い道について話し合いが行われ、宝くじやビンゴゲームを開いたり、働けない未就学児のために、通貨をプレゼントしたりするといった提案が実行されました。

★子ども目線で仕事内容を考える

「ミニたまゆり」は、大学と地域の人々が協力して運営しているイベントです。多

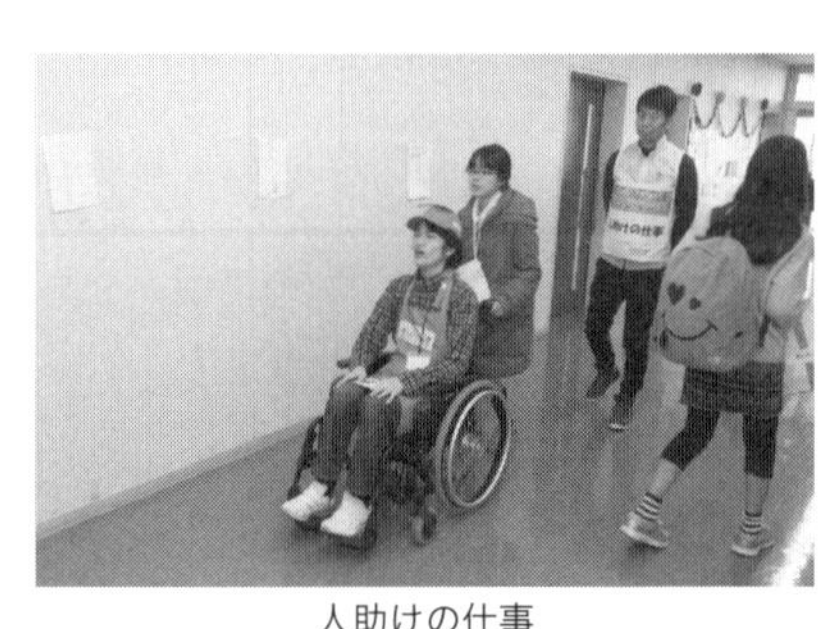
人助けの仕事

くの大人たちが協力し、店舗の運営を手伝っていますが、中には、仕事内容が子どもたちに響かないことがあります。その多くが、子どもたちがやりたい仕事ではなく、大人たちがやらせたい仕事になっていたのが原因だと考えられます。以下、その1つの例を紹介します。

地域の福祉施設が、子どもたちに福祉の仕事を理解してもらうために「福祉センター」という体験を提供しました。内容は、身体に重りをつける高齢者体験や、利用者さんをベッドから車椅子に移動する移乗体験、流動食の食事介助体験などです。しかし、人気がなく、参加する子どもたちがあまりいない状況でした。福祉の仕事を理解してもらうためにはどうすればよいのか？　と考えた福祉施設の職員は、福祉を学んでいる大学生にヒアリングを行いました。そして、学生から「小学生の頃は福祉という難しい言葉は分からなかったけど、他者のためによいことをして、人からほめられるのがうれしかった」という意見を得たことから、大人がやっている作業を体験させるだけでは福祉の意義を正しく伝えられないと気づきました。子どもたちの視点に立ち、内容を考えなければならないということに気づいたのです。

翌年からは、「人助けの仕事」という名前に変更し、仕事内容も「まちの中に、目が見えない人、耳が聞こえない人、骨折した人がいるので、困っている人を見つけて助ける」という内容に変更しました。まちの中にダミーで大学生が扮した車椅子に

表彰式

座っている人を用意しました。その人を見つけて困っていることを聞き出し、目的地まで車椅子を押してあげるといったことを行います。人助けをすると、スタンプがもらえ、スタンプを全て集めると、メダルがもらえ、表彰されるゲーム感覚の体験イベントになりました。

その結果、「人助けの仕事」は大人気となり、多くの子どもたちが体験するようになりました。「人のために尽くすと、ほめられてうれしい」という気持ちを抱いてもらえることの方が、より大きな価値があったと考えられます。

コラム 5

「こどものまち」の「大人の悩み相談室」でのエピソード

岩室　晶子

ミニヨコハマシティでは第1回目から「大人の悩み相談室」がありました。子どもが大人の悩みに答えるというものです。相談員は当日参加のアルバイトの子どもが担当するので、大丈夫なの？　ちゃんと会話できるの？　と思うのですが、それがすばらしくちゃんとしているのです。どんなものがあったのかをあとから聞いてみました。多くの大人の悩みは、「わが子が勉強しない」とか「うちの子、忘れ物が多い」などですが、中には難問もありました。いくつか例をあげて紹介します。

★大学の先生が「朝目覚ましを3つかけても起きられないし、爽やかに目覚めたいけどよい方法はないか」と小学1年生の「こども相談員」に聞きました。相談員の彼女はしばらく考えたすえ、「枕元にミントのキャンディを置いておいて、目覚ましが鳴ったらすぐに口に入れたらいいと思います。爽やかに起きられます！」と回答しました。「いいアイデア。やってみます」と喜んだそうです。

★髪の毛の薄いおじさまが「髪の毛が薄くなってしまい、見かけが悪いので、どうしたらよい?」と小学3年生の女の子に聞きました。そうしたら最高の答えがあったそうです。

「今のままで充分かっこよいです。気にしないほうがよいです」と。本当にうれしかったと私に教えてくれました。

★公務員をしている大人の方が「今の仕事を続けていくか迷っています」と相談。子ども相談員(小学6年生)は、それはどんな仕事かをていねいに聞いたあと、このように回答しました。

「あなたの仕事は社会のためになるりっぱな仕事なので、ぜひ今後も頑張って続けてください」。その方は今も公務員を続けていらっしゃいます。

★大人の相談者の前にいるはずの子ども相談員がいないので「どうしました?」と聞くと「今、子どもの中で将来なりたいと思う人気の職業ってなんですか?」と相談者が聞いたところ、子ども相談員は「少々お待ちください、調べてきます」と言って調べに行ったとのこと。そして数分後、何人かの子どもに聞いてきたことを教えてくれたそうです。その場で想像で答えるのではなく、すぐにリサーチに行く、という行動がすごいと思いました。

★2013年東北の被災地の仮設商店街で「こどものまち」をやったとき、おばあちゃんが「孫を津波で亡くしてしまった、さびしくてしょうがないけどどうしたらよいか？」と聞かれたというのです。そんな難しい質問にどのように答えたらよいか、大人なら言葉に詰まってしまいます。小学6年の相談員は「今日は〈こどものまち〉にたくさんの子どもが来ているので、ぜひお孫さんだと思って、子どもたちと仲よくなってください」と回答したといいます。ベストな答えではないでしょうか。おばあさんはニコニコされていたそうです。

大人の悩み相談室は、数年したら進化して処方箋も出すようになりました。マーブルチョコレートとラムネが何粒か袋に入れられ、処方箋の袋に入れて「食後に飲んでください、元気になりますよ」などと言われるのです。どんな悩みにも答えてくれる子どもの力を知ることができます。ぜひ取り入れてみてください！

第４章

個性豊かに発展する「こどものまち」

この章では、本書執筆者らが立ち上げに関わったり、調査研究したりした「こどものまち」について紹介します。

全国にはNPO主催や大学主催の「こどもまち」など、多様な主体が実施する「こどものまち」もあります。さらに、「こどものまち」から生まれたネットワークや、新たな試みについても紹介していきます。あなたの「まち」にぴったりの事例が見つかるかもしれません。

「こどもタウン葉山」基本データ

開始年	2017年
開催日数	1日
対　象	ひとりで来れる高校生以下
参加人数	300人
参加費	1人300円
会　場	葉山町立一色小学校体育館
主　催	一色大滝まつり実行委員会（一色大滝商店会）
ホームページ	https://www.facebook.com/hayama.isshikiootaki

一　立ち上げはさまざまな形の「こどものまち」

(1) こどもタウン葉山

——商店会が小学校などと協力して実施（神奈川県葉山町）

葉山の一色大滝商店会は、葉山町の一色地区内の山側に位置しており、山側で子どもたちが楽しめるお祭りが少ないことから、子どもたちと一緒にイベントをしたいと計画していました。最初は大人の行うマーケットの中で、子どもたちが運営するお店を一店舗ほど出来たら、と考えていたのですが、小学校の体育館を借りることができ、いきなり大規模になりました。そして「ミニヨコ」を運営する、ＮＰＯ法人ミニシティ・プラスのサポートを得て「こどものまち」を実施することになりました。

横浜から、「こどものまち」経験者の子どもたちが出張サポートし、公募で集まった地元の子どもたちと一緒に、数回の会議を経て、２０１７年「こどもタウン葉山」が生まれました。

商店会が主催する「こどものまち」は、大人のマルシェ（市場）が併設されました。参加した子どもたちは「こどもタウン葉山」で働き、対価を得て、遊んだり、買い物

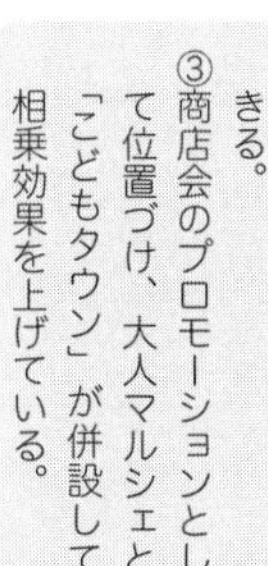
こどもタウン葉山の特徴

①比較的若い世代の多い商店主たちが、商店振興の補助金に申請して運営する。

②一般的には大人の営利イベントでは使えない公共施設（小学校など）を「こどものまち」を入れることで協力を得られ、場所を借りることができる。

③商店会のプロモーションとして位置づけ、大人マルシェと「こどもタウン」が併設して相乗効果を上げている。

こどもタウン葉山

したりできるのですが、すぐ横に併設された「大人マルシェ」でも働くことができるようにしました。

大人マルシェ側にある休憩スペースでは、楽しそうに「まち」を運営する子どもたちを見ながら、大人たちがくつろいでいました。地域の子どもたちが来やすい小学校の体育館で、大人マルシェと「こどものまち」がうまく連携し、一体感が生まれました。商店会にとっても、地域の子どもたちにとっても楽しいイベントになったのです。

地域に暮らす人たちが「商店主と顔見知りになり、商店を知り、防犯、防災に役立つ関係になってほしい」また、「子どもたちの葉山町での思い出の1ページになってほしい」という、商店会の願いと趣旨を相反することなく、開催できました。

体育館のステージは、緞帳を降ろすと真っ暗になる「お化け屋敷」となりました。大人気のお化け屋敷の入り口には「この中にはしょうがくせいのおばけがいますので、どうぞおどかさないでください」と書いてあり、私は爆笑しました。

（岩室　晶子　記）

(2) ミニカワサキ

――「こどものまち」をやりたい大人が集まり、実行委員会が運営（神奈川県川崎市）

ミニヨコハマシティを見学した大人が「川崎でもやってみたい」と勉強会をし、2

ミニカワサキの特徴

①子育て中の親たちを含む、まちづくりや子どもの社会参画に関心のある大人たちが、同じ思いを持って集まり、実行委員を組織。ボランティア運営している。

②当初からクラウドファンディングを行い、ボランティアを募集することも外向けに積極的に行っている。補助金とクラファンをうまく使い、実施している。

③最初は運営の子どもたちの年齢が小さく、ミニヨコを参考に運営がスタートしたが、どんどん子どもたちを中心に新しいことにチャレンジし、子どもたちの成長とともにカワサキオリジナルを確立している。

「ミニカワサキ」基本データ

開始年	2018年
開催日数	２日
対　象	ひとりで来れる18才以下
参加人数	約200人～300人
参加費	午前・午後のみ700円、１日通し券1000円
会　場	川崎市民プラザ、川崎市国際交流センター、川崎市高津区橘公園等
主　催	こどものまちミニカワサキ実行委員会
ホームページ	https://www.minikawasaki.info/

０１８年に「ミニカワサキ」が始まりました。「ミニヨコ」から運営方法を聞き、ミニカワサキバージョンとしてアレンジして実施しました。「ミニカワサキ」は、活動の目的に「シビックプライドの醸成」「多世代交流支援」「共育」「ソーシャルキャピタルの醸成」を掲げています。子ども市民の募集名称も「ミニカワサキこどもまちづくりクラブ募集」と、まちづくりを重視していることがうかがえます。

「こどもタウン葉山」と同じく、「ミニヨコ」のキャリアを持つ子どもたちが最初の会議から参加し、足りないお店や施設を一緒にサポートしました。第１回目は小学校低学年が多かったので、少し年上の「ミニヨコ」市民が参加したことはとても良かったのです。話し合いをするときにいくつかのグループに分かれて話し合ったのですが、「ミニヨコ」経験者の子どもがテーブルに入ってファシリテータを担いました。

「ミニカワサキ」ではまちづくりクラブのワークブックをオリジナルで作成しました。会議の段階ごとにどんなことをするかの目標がきまっていて、子どもが各自、会議の中で決まったことや役割をワークブックに書いていくようになっていました。

子ども会議に参加した子どもたちから「市長に立候補できるのはどんな人ですか?」とミニヨコ市長（当時中学1年生）が聞かれました。「市長は市民であれば誰でも立候補できます。だからここにいるみんなが立候補できます!」と回答したら、子どもたちはみんな目をキラキラさせていたのだとか。

川崎市は日本ではじめて子どもの権利条約に批准した都市です。第1回の「ミニカワサキ」には、本物の川崎市長が来て、当選した「ミニカワサキ」市長との対談も実現しました。コロナ禍でリアルな「まち」が開けなかったときには、子どもたちの発案で、マインクラフトで「まち」を作り、ネット上の「まち」で遊びました。他にも活動を止めたくないという子どもたちが、BASEというネットショップの仕組みを使い、自分たちの手作り作品を売る「ミニカワサキショップ」をオープンするということまでやり遂げました。

（岩室　晶子　記）

ミニカワサキ

ミニミニミドリ

(3) ミニミニミドリ

——区の周年事業のメインを子どもに関わる事業と位置づけ実施、実行委員会から行政主催に移行して継続（神奈川県横浜市緑区）

緑区制50周年記念事業に「こどものまち」を考えている、という相談が、NPO法

ミニミニミドリの特徴

①周年事業という、部署を超えた行政職員チームからの発案で「こどものまち」の実施が決まり、都筑区で運営している「ミニヨコハマシティ」を視察し、ヒアリングしてからそれらをベースにスタートした。

②行政運営のよさと、民間のよさを活かして、柔軟に運営している。例として、行政は「子ども会議」や本番の公共の場所を押さえやすい。広報よこはまなど基本的に区民全配布での大きな掲載や学校配布などが容易。イベントのノウハウを持っている民間に委託したほうが、運営はスムーズで、予算の執行なども柔軟性を持って行える。

③保護者や参加の子どもにとって、やはり行政運営の安心感は大きい。課題は市や区の運営方針がその都度変わり、それらをどのように継続していけるかである。（関東圏では、「ミニあやせ」や「ミニ逗子シティ」なども行政運営で継続している）

「ミニミニミドリ」基本データ

開始年	2019年
開催日数	１日～２日
対　象	横浜市緑区在住・在学の小学１年生以上19才以下
参加人数	500人×２日（施設の規模にもよる）
参加費	１日あたり300円
会　場	地区センター、公会堂など
主　催	横浜市緑区役所
ホームページ	https://www.city.yokohama.lg.jp/midori/kurashi/kyodo_manabi/manabi/kodomonomachi.html

人ミニシティ・プラスにありました。実施２年前でした。行政で行うときは予算執行のため、少なくともそのくらいの調整期間が必要なのです。私たちは横浜市内で唯一「こどものまちミニヨコハマシティ」を運営している法人ということで声がかかりました。

第一回の子ども実行委員は、同じ横浜市内の都筑区で実施している「ミニヨコ」に参加し、経験を積みました。

緑区の実施目的は、次世代を担う子どもたちが、「まちづくりに携わる楽しさを知ること」とあります。最初の「子ども会議」が開かれ、まちの名前は「ミニミニミドリ Mini Mini Midori」と決まり、通貨はミ$（ミドル）と決まりました。

子どもたちや保護者がいつでも相談に来ることができる公共の場所が主催している安心感は、行政主催の大きなメリットだと思います。区が中心になり、ＮＰＯが運営するスタイルで、行政を前に出すとよいところ（広報活動や地域の協力要請など）、ＮＰＯが動く方がよいところ（フレキシブルな運営や小回りのきく予算の使い方）をうまく使い分けていく

「ミニきりゅう」基本データ

開始年	2021年
開催日数	１日
対　象	群馬県桐生市・みどり市の小学１～６年生
参加人数	300人
参加費	無料
会　場	桐生市立青年の家
主　催	ミニきりゅう実行委員会
ホームページ	https://www.minikiryu.com

ことができました。区からの声かけにより、地域の大学、学校法人東洋英和女学院の協力も得ることができました。子どもたちの世代に近い、大学生がサポートに入ってくれることはとても力になりますし、毎年新しい学生が新鮮な気持ちで参加してくれることも継続していく助けになります。

周年事業で行うと、単年度で終わってしまうことが多いのですが、緑区は「こどものまち」を大切な事業と位置づけて継続しています。コロナ禍でもなんとか続けようと、オンラインを駆使し、子どもたちとプロモーションビデオを作成しました。「ミニミニミドリ」の詳細は横浜市緑区役所のホームページにすべて公開されていますので、ぜひご覧ください。

（4）ミニきりゅう
――子どもたちの力で、地方創生（群馬県桐生市）

「ミニきりゅう」は、群馬県桐生市で２０２１年から開催されている、まだ新しい「こどものまち」です。桐生市の荒木市長がミニ・ミュンヘンの取り組みに感動し、「桐生市でも開きたい」と、桐生市での「こどものまち」をつくるという公約を掲げたことをきっかけに、公益社団法人桐生青年会議所が実施主体を引き受け、桐生市が共催する形で事業が実現しました。また、公益社団法人桐生青年会議所六十五周年記念と

ミニきりゅうの特徴

①荒木桐生市長の公約『桐生で働き、桐生に住みたい！　職業体験イベントの創出』と位置づけられている。

②人口流出をふせぐため、子ども・若者に「まち」に住み続けてもらいたいという願いから実施している。

③実施主体である、実行委員会はボランティアで組織され、地域の企業が協賛するなど「こどものまち」の子どもの職業体験を支えている。

子ども市長と荒木桐生市市長

桐生市市制施行百周年記念の年ということもあり、双方の記念事業として開催されました。

実施することが決まり、他の地域の「こどものまち」を参考にしたい、と「ミニたまゆり（田園調布学園大学）」を視察しました。その縁で、番匠がスペシャルサポーターとして立ち上げのお手伝いに行きました。

「ミニきりゅう」の目的は大きく2つあります。1つ目は、子どもたちが成長し、桐生で働き、住み続ける人々を増やすことです。そのために、子どもたちに桐生を好きになってもらい、自分たちの暮らすまちに誇りを持ってもらうことが重要です。2つ目の目的は、子どもたちが自分たちで「まち」をつくっていくという自治意識を高め、桐生のまちづくりに関わってもらう人材を育てることです。

「ミニきりゅう」を準備しているとき、大人たちは半信半疑でした。本当に子どもたちにまちがつくれるのだろうか？　自治といっても子ども市長に立候補する子どもはいるのだろうか、と。

しかし、そんな心配は必要ありませんでした。参加した子どもたちは積極的に意見を出し合い、「まち」を運営しました。子ども市長に立候補した子どもは6人もいたのです。

もちろん最初は運営での失敗もたくさんありました。たとえば、「まち」の地図に書かれているお店に誰もいなかったり、準備したものが足りなかったり。でもそんな

ミニきりゅう開会式

バッティングセンター

問題は「こどものまち」でよくあることです。課題があっても、みんなで話し合い、次の日には解決され、大人にとっても成功体験に変わりました。

桐生市の地元の企業にも協力してもらいました。たとえば「銀だこ」の創始者は桐生出身です。第1回の「ミニきりゅう」は、コロナ禍であるにもかかわらず、プロの食品会社が入ってくれたため、子どもたちに本格的なたこやき作りや販売体験をしてもらうことができ、この仕事は大人気でした。

「ミニきりゅう」は当初、1回限りのイベントとして計画されていました。しかし、大成功となり、子どもたちの笑顔あふれるイベントとなりました。関わった大人にも感動を与え、この活動が子どもや地域に与える影響の大きさを理解し、「これからも多くの子どもたちにこの経験をしてもらいたい」と、新たな実施主体である「ミニきりゅう実行委員会」が立ち上がりました。その結果、市の予算を引き続き獲得することができ、地域に根付いた活動として継続しています。

「ミニきりゅう」は小学生のための「こどものまち」でしたが、「ミニきりゅう実行委員会」は、初代市長に選ばれた大久保さんを中心に、中学生のOBOG会をつくりました。第3回の「ミニきりゅう」から、活動を支える立場で活躍してくれています。将来、大久保さんのような子どもたちが地域に根付き、地域を支えるようになってほしい、と大人たちは願っています。

（番匠　一雅　記）

DAISHI☆にっこり☆とんとこタウンの特徴

①地域の力でコロナ禍の中止を乗り越える。多くの「こどものまち」がコロナ禍のため、中止・廃止になっている中、地域住民の熱い思いが、企画の復活に結びついた。

②公園を中心とした活動。全国でも珍しい公園管理者主体による「こどものまち」。東京ドーム2個分の広大な公園と近隣の施設で実施されている。

③他の「こどものまち」との連携によって実現された「こどものまち」。「かながわ子ども合衆国」から、運営ノウハウや物品の提供を受け、子ども会議やイベント本番では多くの大学生がボランティアとして協力している。

（5）DAISHI☆にっこり☆とんとこタウン」
――地域の力でコロナ禍を乗り越えて開催（神奈川県川崎市）

「DAISHI☆にっこり☆とんとこタウン」（以下、「とんとこタウン」）は、川崎市川崎区の大師公園で開催されています。この企画は、公園管理者である株式会社石勝エクステリアの提案からスタートしました。彼らの主な業務は公園の管理と維持ですが、地域の活性化と子どもたちの育成を重視し、公園を地域の核として賑わいを生み出す新たな活動を立ち上げました。「とんとこタウン」は、運営ノウハウやボランティアスタッフの派遣、紙幣や物品など、運営に必要なリソースを「かながわ子ども合衆国」（162頁参照）に提供してもらっています。

「とんとこタウン」を実現するために、プロジェクトチームは他の「こどものまち」を視察しました。視察後、チームメンバーの冨樫さんは、「子どもたちが自分たちの世界を築く姿を見て、本当に感動しました。私たちの地域でこれを実現できたら、どんなに素晴らしいことか。子どもたちのために、我々は頑張るべきだと強く感じました」と感動の声を上げました。

「とんとこタウン」の実現には地域の協力、資金、スポンサーなど、さまざまな要素が必要でした。そこで、地域住民や市の職員に対する「こどものまち」の意義と有効性についてのセミナーを開催し、地域の賛同者を集めました。活動への協力者やス

「DAISHI☆にっこり☆とんとこタウン」基本データ

開始年	2022年
開催日数	１日
対　象	神奈川県川崎区大師地区の小学１～６年生
参加人数	500人
参加費	500円
会　場	大師公園一体
会　場	DAISHI☆にっこり☆とんとこタウン実行委員会 （事務局一般社団法人大師ONE博）
ホームページ	https://daishi-onepark.com

とんとこタウンコンビニ

とんとこタウン運営スタッフ

ポンサーが徐々に増えてきましたが、一部の参加者からは、「活動の価値は理解できるが、我々の地域には社会的弱者が多い。参加する、子どもたちが主体的に活動するか確信が持てない」との懸念する声も聞かれました。

最初の子ども会議では、地域の30人の子どもたちが集まり、活発な議論を展開しました。みんな積極的に会議に参加し、本当に楽しそうに、子ども同士、大人スタッフと交流する姿がありました。心配していたスタッフも、その姿をみて活動の成功を確信しました。その会議の中で、子どもたちは自分たちの「まち」を川崎大師の名物である、「とんとこ飴」にちなんで「DAISHI☆にっこり☆とんとこタウン」と命名しました。

しかし、開催予定だった２０２０年３月、「とんとこタウン」はコロナ禍により中止となってしまいました。しかし、地域住民の熱い願いにより、２０２２年12月、「とんとこタウン」の活動が再

とんとこタウンお花屋

開しました。最初の中心メンバーだった子どもたちは、すでに小学校を卒業していたので、新たな子どもたちを募集しました。そして、地元のＮＰＯ、企業、大学が協力し、「とんとこタウン」を再開することができました。これは、まさに「産官学連携」の活動と言えます。

地元の商店会、町内会、ＮＰＯ、市職員などが一丸となって取り組んだ、第1回目の「とんとこタウン」は大成功でした。子どもたちが「こどものまち」で活躍する姿を見て、大人たちはその意義を再認識しました。

この再開が可能だったのは、地域住民の強い思いがあったからです。コロナ禍を超えて成功を収めた「とんとこタウン」。子どもたちの未来を描く力と、地域全体の思いを支える力が結集した結果です。子どもたちに未来を任せ、その力を信じ、サポートし続けることで、地域はより良い方向へと進んでいけるのです。

（番匠　一雅　記）

行政主催のこどものまち「なごや☆子どもcity」基本データ

開催日時	2010年８月８日～８月22日（15日間）12時半～17時
開催場所	名古屋市中小企業振興会館（吹上ホール）
対　象	小学１年生～高校生
参加者数	21,812名（延べ人数）１日平均1,454名

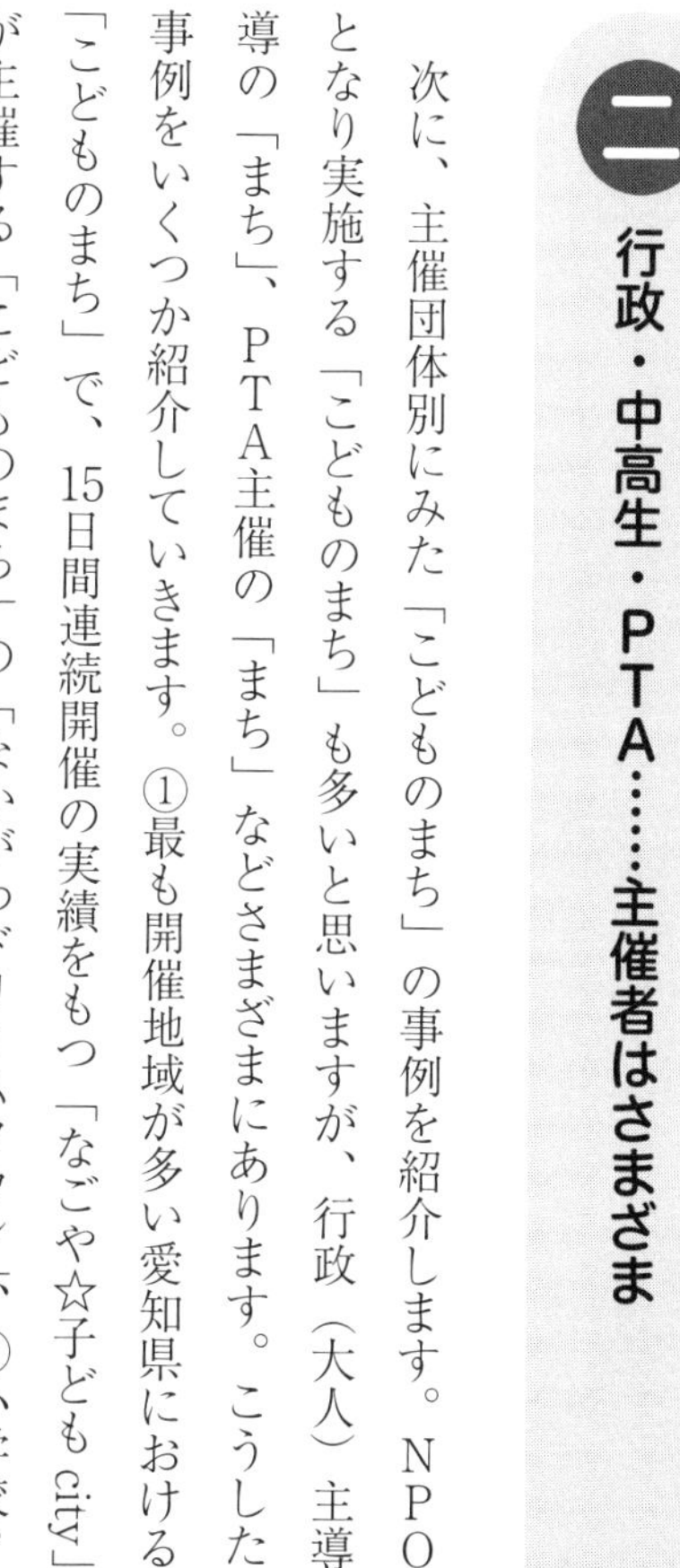

二　行政・中高生・ＰＴＡ……主催者はさまざま

次に、主催団体別にみた「こどものまち」の事例を紹介します。ＮＰＯなどが中心となり実施する「こどものまち」も多いと思いますが、行政（大人）主導や子ども主導の「まち」、ＰＴＡ主催の「まち」などさまざまにあります。こうした「まち」の事例をいくつか紹介していきます。①最も開催地域が多い愛知県における行政主催の「こどものまち」で、15日間連続開催の実績をもつ「なごや☆子どもcity」、②中高生が主催する「こどものまち」の「なかがわドリームタウン」、③小学校ＰＴＡ主催の「こどものまち」の「キッズタウンURAYASU」の３つを紹介します。

(1) 行政主催のこどものまち「なごや☆子どもcity」

中部地方では、「こどものまち」が多く開催されてきました。その理由の1つに、名古屋市では「こどものまち」が16区すべての区で、児童館を中心に開催されてきた歴史があります。現在では、なごや子ども条例に則り、子どもの権利を保障する観点から子どもたちが主体的に活動できる場として位置づけられ、子どもたちがやりたい

なごや★子どもcityの特徴

①子どもたち自身が企画、運営する疑似的な「まち」でさまざまな社会体験をして、自主性や社会性を楽しみながら身につけることができる。

②子ども実行委員会は事前の会議が6回と、事後に振り返り会議が1回行われ、社会やお金のしくみについて学んだり、問題解決を行う時間を確保している。

③公共、サービス、物販、飲食の4つのゾーンに分かれるほか、起業ブースや企業主催のアカデミーも体験できる。

④各区の児童館などを起点として小規模な「こどものまち」を行い、大規模な「なごや☆子どもcity」には名古屋市全域から参加することができる。

と考えた企画を実現することを目的に、さまざまな活動が各区で展開されています。

こうした中でも大きな役割を果たしてきたのが「なごや☆子どもcity」です。２００７年に策定された「名古屋新世紀計画２０１０第３次実施計画」では、子ども自身が主体的に参画し、運営する遊びや職業体験、自然体験、社会体験の場として「いきいきなごやっ子づくり」が掲げられました。そして、子どもの遊びや育ちの状況が悪化しつつある状況を変えるために、市の助成事業として２００８年から各区で「こどものまち」を実施することになりました。各区で行うことのメリットは、子どもたちの自宅の近くで開催されるため、参加しやすいことですが、小規模で自分の知っている地域の友だちなど、限定されたエリアの人たちとの交流にとどまります。

そこで、名古屋市全域から参加できる大規模な「こどものまち」として「なごや☆子どもcity」が開催されることになりました。中でも、２０１０年は名古屋開府４００周年の節目のイベントとして各地域で取り組んできたＮＰＯが中心となり全市域の子どもたちを対象に15日間連続で開催されました。「まち」全体は４つのゾーンで分けられ、市役所ゾーンやお店ゾーン、広場ゾーン、森ゾーンがあり、モニュメントが「まち」の中心部に掲げられたり、展望台や川が作られたりしました。お店は34店舗あり、ゲームや飲食などを楽しむことができました。こうした「まち」のデザインは、愛知工業大学と名古屋工業大学の大学生ら青年サポーターが中心となり、いくつかの案が提案され、高校生を中心とする実行委員の子どもたちにより決定されていきました。

中高生主催ではじまったこどものまち
「なかがわドリームタウン」基本データ

開催日時	2023年３月19日
開催場所	名古屋市中川区役所講堂
対　象	小学１年生～小学６年生
参加者数	40名募集

「なごや☆子どもcity」会場

日本では、多くの「こどものまち」が1～3日間の開催にとどまる中で、15日間という長期間のまちが開催されたのは画期的と言えます。それらは、名古屋市の政策という土台があったからこそ実現したものであるでしょう。残念ながら、コロナ禍の影響により「なごや☆子どもcity」は開催されなくなってしまいましたが、２０２３年には守山区がふるさと学を取り入れた、子どもがつなげる守山まちづくりプロジェクト「キッズタウンもりやま」を主催しています。これらは、行政が主導して小規模でも全区で実施したことや大規模な事業を進めたことにより、地域の中で「こどものまち」を経験した子どもたちが増えたことや、「こどものまち」を経験した子どもたちが成長して運営をする大人スタッフ側になるなど、新しい「まち」を実施しやすい土壌ができていたとも考えられます。しかし、全国で最も開催実績が多いにもかかわらず、愛知県で継続して実施している「まち」は多くありません。せっかく良い土壌があるのですから、次世代を担う子どもたちのために、長期的な視点で継続的に開催できる工夫があるとよいと感じます。

（小田　奈緒美　記）

(2) 中高生主催ではじまったこどものまち「なかがわドリームタウン」

「なかがわドリームタウン」とは、「なかがわのまちづくり人を育てる会」が主催す

なかがわドリームタウンの特徴

①中高生の視点から中川区をまちづくりの面から良くしていき、「中川区の魅力発信」や、「子どもたちの自主性、協調性を育てること」を目指す。

②一般参加→商店主→実行委員→事務局へと、自分にあったレベルでステップアップしながら参加することができる。

③中高生の自主性を何よりも大事にしている。

④地域への愛着を持ってもらうため、クイズラリーや投票企画を通し、教育の機会を設けている。

る「こどものまち」事業です。2023年で4回目を迎える「こどものまち」ですが、主催者は中高生を中心とする子どもたちなのが特徴です。主催者の中高生は、最初に一般参加をして「こどものまち」を体験し、そこから商店主になり、さらに実行委員を経て事務局へとステップを登ります。このように、自分に合ったレベルで参加できる幅広い参加形態は魅力と言えるでしょう。また、一般参加者は予約不要で、好きなときに来て遊ぶことができます。

団体として初めての事業になる「なかがわドリームタウン2018」では、企画・運営は子ども実行委員が開催前に3回、開催後に1回行い、よりよいイベントになるように会議を重ねました。

「なかがわドリームタウン」は、もともと中川区役所が行政として「なかがわ子ども村」を主催していましたが、2017年でこの事業は終了することになります。しかし、「なかがわ子ども村」に実行委員として参加していた中高生たちが、今度は自分達で開催しようと動いたのです。そこでは、中高生の視点から中川区のまちづくりを考え、地域を良くしていきたいという思いを持ち、当時の団体の代表者は中学3年生でしたが、自ら団体を設立し、「なかがわドリームタウン」を中高生自身で主催することになりました。しかし、中高生が自分たちで実施すると言っても、当然、予算はありません。そこで、中高生たちは自分たちで予算を獲得するために助成金の申請から運営までを行い、「なかがわドリームタウン」を実現させたのです。大人たちが

PTA主催のこどものまち
「キッズタウンURAYASU」基本データ

開催日時	2018年12月9日
開催場所	岡山私立浦安小学校
対　象	幼児～小学6年生
参加者数	112名

「なかがわドリームタウン」会場内
「かんこうあんないじょ」

企画をして開催してくれるのを待つだけでなく、自分たちで主体的に動き開催までこぎつけることができたのは、他ならぬ「こどものまち」事業でいろいろなことにチャレンジした経験などにより培われたからではないでしょうか。また、自分たちが住む地域のまちづくりについて考え、中川区をよくしたいという思いから、中高生達は、地元の子どもたちに郷土教育も行っています。地元企業から協賛を得たり、中川区に関するクイズラリーや投票企画などを行ったりしながら、郷土に愛着を持つ人材を育てようとしているのです。

このように、誰かがおぜん立てをしたり、与えられたりすることだけで満足せずに、困難なことにもあきらめず、自ら考え、行動し、自分たちがやりたいことを実現させる力の素地を作っているのが「こどものまち」の大きな役割と言えるのではないでしょうか。

（小田　奈緒美　記）

(3) PTA主催のこどものまち「キッズタウンURAYASU」

「キッズタウンURAYASU」は、岡山市にて「キッズタウンKYOYAMA2017」を実施した報告書を関係各所に配布した際に、岡山市立浦安小学校のPTA会長の小学校にて開催してみたいという声からはじまりました。運営を担っていた実行委員の大

キッズタウンURAYASUの特徴
①「こどものまち」を小学校PTA役員が中心となり、地域の大学生と連携しながら運営をする。
②子どもたちが活動しやすいよう、小学校を会場にして実施している。
③子どもたちは事前会議にて市長選挙を行い、市長と議員がまちのしくみを考え、市民会議で決定する。
④当日のボランティアは、地域との連携の強さを活かし、近隣の中学生や保護者も参加している。

学生たちが協力することになり、２０１８年12月に開催が決まりました。開催がすぐに進んでいった理由は2つあります。

１つ目はＰＴＡ会長をはじめとする役員の方々が非常に協力的であったことです。学生たちは、これまでの開催ノウハウを活かし、過去に「キッズタウン」で使用した資料や備品を再利用するなどして協力をすることにしましたが、当日の各ブースには役員や保護者の方がついて、子どもたちのようすをフォローしてくれました。開催にあたり、「こどものまち」について概要を紹介はしたものの、見たことも経験したこともない事業に参加するのは不安もあっただろうと思います。しかし、役員同士で連携をし、進めてくれました。学生たちも地域の大人の方と協力することで、自分たちが主催したときよりも積極的に動いていたのが印象的でした。

２つ目は、小学校という子どもたちが普段使用している施設環境を活用できたことです。子どもたちが行ったことがない初めての場所で開催するとなると、保護者の送り迎えが必要になったり、施設のどこに何があるのかがわからないため、施設案内図を作ったりしてトイレの場所などを説明してあげる必要があるのですが、自分たちが普段から利用している施設ならば、迷うこともありません。机やトイレ、調理台などのサイズも子ども用なので使いやすく、初めての場所と違って緊張することもないため、スムーズに「こどものまち」に入っていくことができるのです。

今回は、１００名程度の参加者を想定し、会場となる教室は3部屋としました。レ

「キッズタウンURAYASU」会場

ストランとなる家庭科室、「まち」の多くの施設が集まる図工室、工房や子ども大学を行う図書室です。小学校の教室には個人情報が多数ありますが、多目的室を利用することで、こうした問題も解決することができるのです。また、店長役となるスタッフはＰＴＡ役員が担うことができます。子どもを持つ保護者ならではの視点から、子どもたちを見守ることができる点は安心と言えるでしょう。

（小田　奈緒美　記）

「U19こどものまち全国サミットin横浜」基本データ

開催年月日	2017年５月３日～５日（宿泊あり）
対　象	全国のこどものまちを運営する 19才以下のこども市民とそれを支える大人スタッフ
参加人数	約100人
参加費	U19無料、大学生1000円、大人3000円
会　場	横浜市立大学ピオニーホール、野島青少年センター
主　催	U19こどものまち全国サミット実行委員会 (事務局NPO法人ミニシティ・プラス)
ホームページ	https://u19kodomachi.localinfo.jp/

三　「こどものまち」の発展

ここでは「こどものまち」から生まれたネットワークや、新たな試みについて紹介していきます。

(1)　こどものまち主催者サミット・U19こどものまちサミット

第1回「こどもがつくるまち全国主催者サミット」が、２００７年４月30日に佐倉市で開かれました。私は同年の３月にミニヨコハマシティを初開催したばかりでしたが、サミットに参加しました。

第1回目のサミットには、ミニ・ミュンヘンからのゲスト、ゲルト・グリュナイスルさんと、２００６年当時、スタートしたばかりの「キッザニア東京」の住谷栄之資社長と対談も行われました。

第2回目は２００７年10月、仙台の児童館で行われ、２００９年の第3回目は横浜で行いました。この年は横浜開港１５０年の記念の年であり、横浜じゅうで大きなイベントが行われることになっていて、市民発の企画もたくさん行われた年だったので

U19こどものまちサミット

U19こどものまちサミット

す。横浜では「こどものまちＥＸＰＯ」と名前をつけ、ＮＰＯ法人ミニシティ・プラス主催、横浜市こども青少年局共催で大きく3つの事業を行いました。①全国の「こどものまち」に出店してもらう大規模なこどものまち「ミニヨコハマシティ」の実施、②ベルリンで開かれた「第1回こどものまち世界会議」に続く、「第2回こどものまち世界会議」、③「全国こどものまち主催者サミット」を同時開催しました。

その後のサミットは、やりたいと手をあげた、各「こどものまち」が、それぞれ独自の企画で毎年開かれていきました。この頃のサミットの目的は、各地域で行っている「こどものまち」の大人主催者が、それまで独自に展開してきた「こどものまち」の運営に関するノウハウや悩みを情報交換することでした。

サミットが相模原で10回目を迎えたとき、次のサミットが事情により2年後になることがわかり、「大人中心ではなく、子ども市民たちの意見交換ができるサミットをやりたい」と、参加していた高校生を中心にアイデアが出されました。そして２０１７年、子どもたち主体の初めての「U19こどものまち全国サミット」が横浜で実現しました。横浜市立大学のキャンパスと、宿泊もできる青少年センターを借りて、合宿的に行ったサミットは、運営を担う子どもたち同士の交流と意見交換の場でした。お互いの「まち」がどのように開催されているのか、どんなお店があるのかを聞き、自分の「まち」に取り入れられることを考えました。それにより「改めて自分たちの〈まち〉のよいところを知ることになった」と感想を述べる子どももいました。その2年

「かながわ子ども合衆国サミット」基本データ

開催年月日	2018年８月30日
対　象	神奈川県内の「こどものまち」代表 県内の子どもに関わる活動を行っている団体
会　場	神奈川県庁舎大会議場
主　催	田園調布学園大学・神奈川県
ホームページ	https://kanagawa-kids.jp

U19こどものまちサミット@千葉

後、２０１９年に兵庫県高砂でも「U19こどものまち全国サミット」が開かれました。

コロナ禍で全国サミットは数年中断していましたが、２０２２年に千葉県市川市で子ども・青少年発案で「U19こどものまちサミット」が行われました。サミットの形は地域により違いますが、その内容は各「こどものまち」の大人も子ども含めた主催者たちが、「こどものまち」をもっとよくするための意見交換が主であることに変わりはありません。

（岩室　晶子　記）

(2) かながわ子ども合衆国

「かながわ子ども合衆国」とは、神奈川県内で開催される「こどものまち」の立ち上げ支援や、運営支援を行い「こどものまち」の実施地域を増やしていくことを目的としています。「こどものまち」の活動を通じて、子どもたちの主体性・有用感の向上、職業意識の育成を目指すとともに、神奈川県各地域の特色ある産業を、子どもたちに伝えることにより、次世代を担う人材育成、市民意識の醸成、地域活性化につなげることを期待しています。

この取り組みは、田園調布学園大学が企画し、２０１６年度の神奈川県大学発・政策提案制度の採択事業となり、２０１７年から2年間、大学と神奈川県の協働事業と

大統領選挙

かながわ子ども合衆国サミット

して実施され、現在の基礎を作りました。

「かながわ子ども合衆国」をつくる際に、神奈川県下で活動する、各「こどものまち」の代表の子どもたちに集まってもらい、議論し、基本方針を決めました。「合衆国」の大統領選挙も実施し、子ども大統領や副大統領を選挙で選びました。国旗、国歌、共通通貨のデザインも子どもたちの意見を取り入れながら、音楽やデザインなどの専門家に入ってもらい、作りました。

さらに「かながわ子ども合衆国」加盟を呼びかけて賛同した、神奈川県下の「こどものまち」を紹介するホームページや冊子も作りました。それぞれの「こどものまち」で困っていることなどをヒアリングし、共通で使える「こどものまち」の予約システムや、当日の子どもたちの仕事を管理する、職案システム（仕事管理をバーコードで行い、混雑を緩和する、どの仕事に空きがあるかなどをリアルタイムで掲示が可能）を開発して、他のまちに貸し出すこともできるようにしています。

これらの支援のしくみができたことで、新しく「こどものまち」を作りたいという問い合わせが増え、立ち上げ支援も行ってきました。田園調布学園大学は福祉と保育の大学です。これらの活動は、学生にとっても勉強になります。

神奈川県の「こどものまち」の代表が集う「かながわ子ども合衆国サミット」が神奈川県庁で実施され、黒岩知事と子どもたちの意見交換も行われました。

「かながわこども合衆国」参加団体には数多くのメリットがあります。「かながわ子

かながわ子ども合衆国の国旗

神奈川県知事との交流

ども合衆国」ホームページへの情報掲載、神奈川県を通じたイベント・団体の告知、SNSの利用（参加の子どもの予約システム・他団体との交流）、職業案内所（ハローワーク・ジョブセンター）システムの利用、他の加盟団体からのボランティアスタッフの派遣、合衆国加盟団体との交流・情報交換、そして合衆国サミットでの活動内容の発表の場の提供などです。

最初の選挙で選ばれた、かながわ子ども合衆国大統領を中心に、次のような「かながわ子ども合衆国憲章」が制定されました。

神奈川県内のキッズタウン（こどものまち）が協力し合い、県内のキッズタウンの更なる活性化を目指す組織として、かながわこども合衆国が建国されました。
その目的を達成するために基本的な方針が必要と考え、次の「かながわ子ども合衆国憲法（憲章）」を定めました。

一　私たちは、自由に意見を述べ、各自の個性を尊重し、主体性を持ちながらまちの運営を行います。

一　私たちは、相手を思いやる気持ちを大切にし、皆が元気に仲良く過ごせるまちづくりを行います。

一　私たちは、キッズタウン同士の交流に積極的に参加し、お互い協力しながら、神奈川県内のキッズタウンの発展に取り組みます。

（番匠　一雅　記）

「静岡市こどもクリエイティブタウン　ま・あ・る」こどもバザール基本データ

開始年	2013年
開催日数	155日（年度により変動）
対　象	小学生～高校生
参加人数	約46500人／年（年度により変動）
参加費	子ども無料・大人310円（入場料として。2024年３月現在）
会　場	静岡市こどもクリエイティブタウン　ま・あ・る（専用の施設）
主　催	静岡市（指定管理者：株式会社丹青社）
ホームページ	https://maaru-ct.jp

（3）静岡市こどもクリエイティブタウン　ま・あ・る

清水駅前のビルの２つのフロアに設置されている「静岡市こどもクリエイティブタウン　ま・あ・る」は、静岡市の指定管理で運営されている子どもが仕事やものづくりを体験する施設です。「静岡の企業や仕事の魅力を子どもたちに伝え、将来静岡で働いてもらいたい」、「未来の産業人を育てたい」という目的を持ち、静岡市経済局産業政策課の主導で開設されました。子ども向けの施設は、子ども青少年局や福祉局などの分野での所管が多い中、経済局であることで、地元の企業などから協力を得やすく、各事業に協力してくれている企業・団体は年間で２００以上あります。平日は、小中学校などの児童生徒向けに地元の産業を知る「職業ものづくり体験」を実施する、団体利用の受け入れ施設としての機能を持っています。その他にも企業や、商店街、大学・専門学校など、地元と連携した独自のプログラムを開催しています。

「こどもバザール」のハローワーク

子どもたちによるこどものまち「こどもバザール」は、土日や夏休みなどの学校の長期休みの平日に年間を通して開催されています。このように、常設で「こどものまち」を運営しているのは全国で唯一、「ま・あ・る」だ

こども店長集合写真

ラッキーパークこども店長

けです。施設の入館料は、子ども無料（大人（18歳以上）は310円、2024年3月現在）。つまり、子どもは1年中いつでも、ふらっと来て、「こどものまち」を楽しめるのです。

「こどもバザール」は、①あそびながら学ぶ場所、②自主性・創造性を育む場所、③自分らしく過ごせる場所、という3つの役割を担っています。大人スタッフはできるだけ口出しをせず、「こどもバザール」の運営をサポートしています。選挙で選ばれたこども市長・副市長の任期は1年間です。私が見学させてもらったときには、こども市長、副市長が同時に来ていました。こども市長のその日のお仕事は、放送局での「まち」の情報発信や初めて利用する方への案内だったようです。こども市長は「来れるときにはなるべく来ている」と、ほぼ毎週土日に「出勤」しているとのことでした。

「ま・あ・る」は、2013年1月にオープンしました。こども店長を卒業した後も、「ま・あ・る」に関わりたいと言ってくれる中高生も増えてきて、子どもと大人の間に立って、「まち」の運営について検討する「こども会議」のアドバイザーやこどもバザール当日の手伝いをしてくれる「ま・あ・るジュニアボランティア」が組織されるようになりました。「こどもバザール」の利用者は、1年間でのべ4万人。企業・団体・職人などが、講師となり仕事の魅力を伝える「しごと・ものづくり講座」や外部のイベントを含めると年間10万人の利用者があり、子どもたちの満足度は98％という驚くべき数字となっています。

（番匠　一雅　記）

（4） キッズビジネスタウンいちかわ

「こどものまち」の活動を教育に取り入れる試みが複数の地域で展開されています。その中の1つとして、千葉商科大学で2003年から始まった「キッズビジネスタウンいちかわ」が挙げられます。当時、千葉商科大学では、キッズビジネススクールという活動を展開し、子どもたちにビジネス教育を提供していました。しかし、実践する場がないという問題に直面していました。千葉商科大学の教員グループは、ミニ・ミュンヘンの活動や2002年の「ミニさくら」の成果を知り、自分たちの大学でも子どもたちのまちづくりを実践し、ビジネス教育に活用できないかと考え、「キッズビジネスタウンいちかわ」を立ち上げました。その当時はバブル崩壊直後であり、ビジネスに対してネガティブなイメージが広まっていたため、子どもたちにビジネスを肯定的に捉えさせることも目的の1つでした。

その後、同大学の中澤興起教授（2015年に逝去）は自身のゼミ生たちとともに、2003年に「こどものまち」の活動を開始。「こどものまち」の実践を通じて、子どもたちに勤労感や職業観が芽生えるだけでなく、自ら考えて積極的に行動するよう

「キッズビジネスタウンいちかわ」基本データ

開始年	2003年
開催日数	２日
対　象	小学生
参加人数	300人／１日
参加費	無料
会　場	千葉商科大学
主　催	千葉商科大学
ホームページ	https://kbt.cuc.ac.jp

キッズビジネスタウン

工作

になり、お金の流れにも興味を持つようになったことに気づきました。また、子どもたちだけでなく、関与する大学生が子どもたちに教えることで自らも学ぶ姿勢を身につけ、「こどものまち」への関わりが児童・学生に対する教育効果が高いと確信しました。

そこで、商業高校のネットワークを活用して、プロジェクトを全国展開する構想が生まれ、「キッズビジネスタウン」の商標登録も行われました。

この活動は、２００６年の文部科学省現代ＧＰ（現代的教育ニーズ取組支援プログラム）に選定され、商業高校で教員をしている卒業生を中心に、同プログラムの普及活動が行われています。コロナ禍以前の２０１９年当時、全国20以上の商業高校でキッズビジネスタウンが実施されていました。

現在、この活動を主催しているのは千葉商科大学の近藤真唯准教授です。彼はかつて中澤教授のゼミ生であり、第2回キッズビジネスタウンから学生スタッフとして参加し、その名前を決める過程にも関与しました。近藤准教授によると、大学で子どもたちの「まち」を実施している理由として「地域の子どもたちへの貢献と、商業を学ぶ学生に対する教育効果の大きさがある」と言います。商業高校の教員が、教科書の知識だけでは教えることができない内容を小学生にわかりやすく伝える方法や、自分たちが何を教えようとしているのかについて、「こどものまち」の活動を通じて深く考える機会となっています。

今後は、人間の人生においてどのように資産を形成していくかということを、子どものうちから教えていく必要があると考え、キッズビジネスタウンでも株取引のようなしくみを導入したいと考えているそうです。今後はグローバル化が進む時代であり、地域経済だけでは対応しきれない広い視野でビジネスについて考える環境を提供したいとのことです。

（番匠　一雅　記）

（5）ミニフエ（ベトナムでの展開）

「こどものまち」は、ドイツのミニ・ミュンヘンから日本に輸入され、日本独自に発展したことは前述しました。その日本版「こどものまち」を参考に、ベトナムのフエ市で「ミニフエ」が開催されました。

「ミニたまゆり」を主催していた番匠が、田園調布学園大学の公務でベトナムのホーチミン市にあるストリートチルドレンの支援施設の視察をしたとき、貧困のため、まともな教育を受けることができない子どもたちが多数暮らしているのを目の当たりにしました。視察した支援施設は、その子どもたちに最低限の教育を提供していました。施設の所長に「ミニたまゆり」の活動について紹介したところ、次のような思いを切実に語っていたのです。

「日本文化実践講座　ミニフエ」基本データ

開始年	2016年
開催日数	２日
対　象	小学生～高校生
参加人数	約1000人／２日
参加費	無料
会　場	フエ外国語大学
主　催	田園調布学園大学　番匠研究室
ホームページ	https://minihue.com

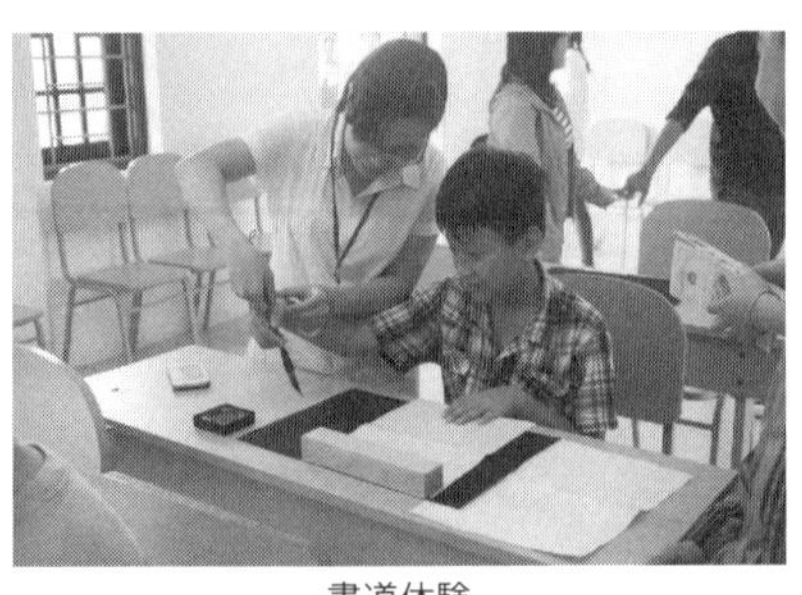

書道体験

浴衣体験

ミニフエ学生スタッフ

「私たちは、ベトナムの子どもたちに、読み書きを教えているが、子どもたちに、なぜ勉強しなければならないか、その理由を理解させるのが大変難しい。将来、社会人として通用するように、挨拶をする、ゴミを捨てない、身だしなみを整える、整理整頓をするなど、日本人であれば誰もが心得ているだろう礼儀作法を教えているが、それがなぜ必要なのかを理解してもらえない。〈こどものまち〉のような、社会のしくみや働くよろこび、接客の基本などを子どもたちが体験する活動は、ベトナムの子どもたちにこそ、必要なものだと思う」

　このことをきっかけに、ベトナム版「こどものまち」の計画がスタートし、ベトナム中部にあるフエ市にあるフエ外国語大学日本語日本文化学科が、協力してくれることになりました。そしてフエ外国語大学学生が運営し、子どもたちを招いて行われる「ミニフエ」が生まれました。「ミニフエ」は日本語日本文化学科のベトナム人学生が運営することから、ベトナムの子どもたちに日本文化を知ってもらおうと、日本文化を伝えるお店などを取り入れて行われています。

第1回目のミニフエで日本食「たこ焼き」の屋台をやってみました。その数年後、市内でたこ焼きスタンドを開くお店を多数見かけるようになったのです。ミニフエでたこ焼きを食べたお客さんが、これは、人気が出ると、真似をして商売する人が続出したということです。また、マンガの中に出てくるキャラクター、ドラえもんが好きな「どら焼き」がどんなものか知りたいと、現地の材料を駆使して「どら焼き」をつくって販売したりもしました。これらは大好評でした。「こどものまち」のベトナム開催で日本の文化がベトナムに浸透しています。

（番匠　一雅　記）

「VRこどものまちサミット」基本データ

開催日	2022年６月26日
対　象	大阪、静岡、横浜、川崎、桐生の「こどものまち」代表児童
会　場	メタバース上に作られたイベント会場 http://banshow.com/v/
主　催	田園調布学園大学 （前川財団による助成活動）
ホームページ	https://youtu.be/D-h9FBBE9OA

⑹　VRこどものまちサミット

デジタルネイティブという言葉があります。コロナ禍でオンライン授業を受けたり、タブレットでの授業が普及したりと、子どもの世界観も大きく変わりつつあります。私たち誰もがコロナ禍でリアルな活動が制限され、自己表現の場が失われてしまう問題に直面しました。特に成長期の子どもにとっては大問題でした。

番匠と岩室は前川財団の助成を得て、コロナ禍の時期に「こどものまち」の調査を

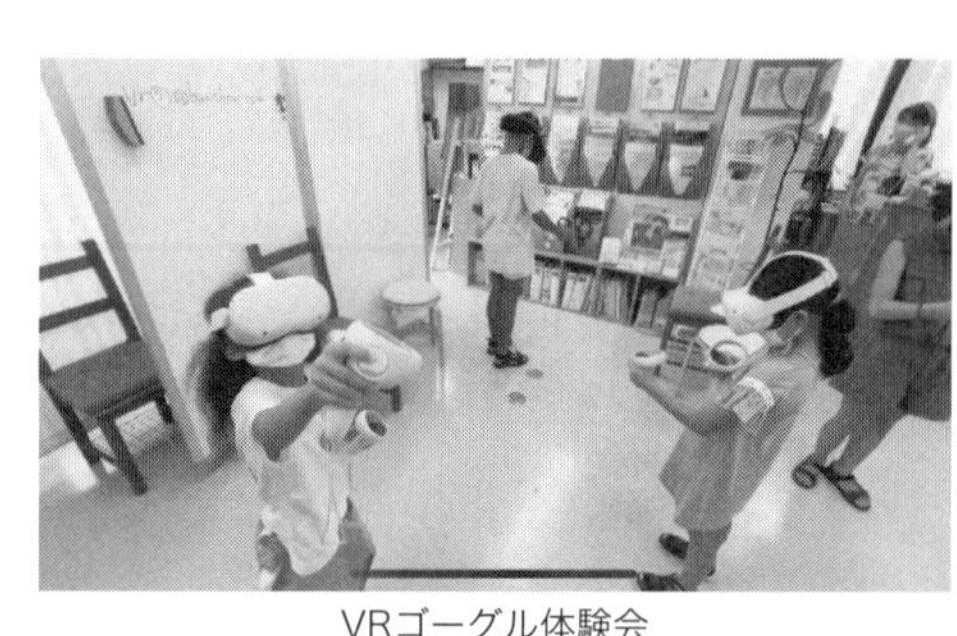
VRゴーグル体験会

行う中で、VR（Virtual Reality）空間の中に「こどものまち」を作って、子どもたちが距離の制約がない中、会話したり、遊んだりできないかと考えました。そこで、まずは身近な「ミニヨコ」の子どもたち数名に、VR体験会を開きました。VRゴーグルの使い方を説明し、VR空間で絵を描いてもらったり、ゲームをしてもらったりしたところ、デジタルネイティブな子どもたちはすぐに操作を覚え、小さなお庭を作ったり、お姫さまの立体的なドレスを描いたりしたのです。

そこで私たちは「全国こどものまちVRサミット」を実施することにしました。コロナ禍でもなんとか活動を継続しているいくつかの「こどものまち」に声をかけ、VRゴーグルを貸し出して、VRゴーグルの使い方について説明し、練習をしてもらいました。子どもたちが集まるVRルームの作成には、株式会社サードウェーブXR部が開発支援してくれました。

このサミットの目的は、リアルな活動が困難な状況であっても、VR空間に子どもたちが集まり、自己表現をする場を提供することと、VR空間での「こどものまち」開催が可能かどうかの実験であり、基礎研究でした。

2022年6月、群馬（ミニきりゅう）、川崎（ミニたまゆり）、横浜（ミニヨコハマシティ）、静岡（ま・あ・る）、大阪（ミニみーの）の5つの地域の子どもが、VRルームに集いました。参加者たちは自分たちの「こどものまち」について紹介しあうポスターセッションを行い、その後「コロナ禍での〈こどものまち〉の活動について」

VRこどものまちサミット

や「ＶＲを使ってどんな子どもの活動ができるか」などについて、話し合いました。子どもらしく、ＶＲ空間でかくれんぼをしたりもしました。

かくれんぼでは自分のアバターが天井に張り付いたり、地下にもぐったり、オブジェになりきったり、思いがけない楽しさがありました。途中で途切れたり、声がうまく届かなかったりなど問題点はありましたが、遠隔地にいてもＶＲを通じて同じ空間でコミュニケーションを取ることが可能であることを子どもたちには実感してもらいました。「こどものまちＶＲサミット」の可能性が広がります。

（番匠　一雅　記）

ミニヨコハマシティ

「まちづくり」にＶＲ活用

2年ぶりに活動再開

VRを体験する子どもたち

19歳以下の子どもや若者が主体となって活動するミニヨコハマシティ（以下ミニヨコ）が、仮想現実「VR」を試験導入するなどして2年ぶりに活動を再開した。主催は「NPO法人ミニシティ・プラス」。

2007年に市の委託事業としてスタートしたミニヨコ。子どもたちが会議を重ね、働いてお金を稼いだり、遊んだりすることができる「こどものまち」をつくる社会体験プログラムだ。

2019年からコロナ禍で中止が続いていたが、今年度は感染症対策を徹底して実施を決定した。定員を上回る約60人の応募に同法人の岩室晶子理事は「待ち望んでくれていた子が沢山いて嬉しい限り」と話す。

4月2日・3日には今年度初の会議が都筑区役所で開かれ、子どもたちが今後のまちづくりについて意見交換した。今回はコロナ禍でも工夫して活動を進めるために、大学研究室や企業協力のもとVRワークショップを開催。参加者が実際にVRゴーグルをつけて仮想空間を体験した。

今後はバーチャル空間で共同活動ができる専用ルームを設計し、会議などで活用していくという。今回協力した田園調布学園大学の番匠一雅教授は「活用が進めば全国各地からの参加も可能になる」と期待を込めた。

ミニヨコの本番は8月12日(金)・13日(土)開催予定。

VRを「こどものまち」で取り入れたと
新聞記事に紹介

コラム 6

“世界子ども地域合衆国サミット”が開かれる

——全国に広げる「こどものまち」へ

番匠 一雅

全国300か所に広がり、開催されてきている「こどものまち」。主催団体の多くは、善意のボランティアで活動されており、各団体は活動資金の調達に苦労しています。国や行政に働きかけ「こどものまち」を全国に広げることはできないかという考えから、「こどものまち」に関わる子どもたちの意見を集め、行政の長などの大人の代表に伝えるイベント“第1回世界子ども地域合衆国サミット”が2023年10月に東京都大田区で開催されました。

このイベントでは、全国の「こどものまち」の子どもの代表（ウクライナおよび全国7地域の子どもの代表）が、子どもの権利に関する意見や、これからの理想の社会をつくるために何が必要かを議論し、「未来共創」声明を作成。行政の長などの大人の代表に提言しました。

世界子ども地域 合衆国サミット「未来共創」声明（2023）

「こどものまち」を通じて子どもの権利を第一に考える

世界子ども地域合衆国サミットの詳細は
https://minitama.jp/summit.html
から閲覧できます。

「こどものまち」が持続可能な社会を作る
「こどものまち」が世界の子どもたちを繋ぐ橋になる
「こどものまち」が新しい産業を生み出す
「こどものまち」を全国に普及させる

ほかにも、「こどものまち」を経験したＯＢＯＧからの事例発表、従来の価値観が通用しなくなるシンギュラリティー時代※において、持続可能な「まち」をつくるために、子ども・大人たちは、どうすればよいか？　などのテーマで子どもの代表と大人の代表が議論を行いました。大人の代表として参加した、川崎市の伊藤副市長からは、「子どもの意見を聞くだけでなく、対等な立場で意見を交わすべきだ」との見解が述べられました。

この活動は、２０２４年に川崎市市制１００周年記念事業として、２０２５年に大阪・関西万博の共創チャレンジ企画として大阪での開催が予定されており、本活動を通じて、「こどものまち」の意義や有用性を国や行政に伝え、産官学が連携し未来を担う子どもたちに働きかける活動として続けていきたいと考えています。

シンギュラリティー時代
人工知能（ＡＩ）が、人間の知能を超える時代

コラム 7 大人スタッフのトレーニング

岩室　晶子

「こどものまち」のスタッフをするのに「必要なスキルってなに？」と聞かれたら、私は「すぐに自分がその年代の子どもに戻れること」と答えます。子どもたちが「まち」やお店の計画を練っているとき、こんなことやってみたい！と思うとき、大人の知識を持ちながら、同じ世代の友だちの気持ちでアドバイスできたら、最高の状態ではないかと考えています。保護者でもなく、学校の先生でもなく、少し先輩の子どもみたいになれたらと思います。

「そんな気持ちにどうしたらなれるのかわからない」という、大人がたくさんいます。初めて「こどものまち」で大人スタッフをするとき、たとえばこんなトレーニングをすることがあります。

1．「子どもの頃のあだ名は何だった？」と思い出してもらい、大人数名でそのあだ名で呼び合いながら、子どもの頃の思い出をひとつ、何でもいいから話します。それにより、ちょっと子ども時代に戻れます。多少創作してもよいと思います。子どもの頃のできれば楽しい思い出を探してみましょう。

2．「いつ大人になったと思う？」というテーマでそれぞれ大人に語ってもらいます。

意外と子どもの頃を思い出すものです。たとえばある男性は「おかあさんと一緒に女湯に入れなくなった日」と答えました。そこから小学生の頃のその人やお風呂やさんの番台などがまわりの人にも風景として見えてきて、どんな気持ちだったか分かります。ある女性は「中学生のとき、おそばにわさびを入れて、おいしいな、と思った日」と答えました。その人だけでなく周りの人もどんな気持ちなのか風景とともに想像することができます。今自分たちが接している子どもたちもそんな体験をしている最中かもしれません。

3. 大人が子どもの気持ちになりきって、ワークショップするのもよい体験です。2人組みになって、1人が子どもになって、自分が「まち」でやりたい無理難題を言ってみます。そしてそれを一緒に考えるのです。例えば「動物園をやりたい」と疑似子どもが言ったとします。これはなかなか難しいですよね？ 私はミニ・ミュンヘンで小動物に触れる動物園があったのでびっくりしたのですが、なかなかそこまではできないです。そこで「どうして動物園がやりたいのか」「動物園で叶えたいことはなにか」などを、子どもに聞きながら対話していくと、「動物に癒やされる場所を作りたい」とか「いろんな動物がいることを他の子どもたちに知ってもらいたい」と話したとします。

たとえば前者ならば、ぬいぐるみを貸し出すお店をやる、後者なら動物研究所として写真と解説を展示する空間を作るとか、あるいは動物クイズ大会をするとか、そんなアイデアがあるかもしれません。いつのまにか2人とも子どもになったり、大人になったりしてワークショップしているかも。そんな感じで練習してみましょう。課題をあげておきましょう。

「まちでバスを運行したい」。

「ライブハウスを運営したい」。

「声優をやりたい」。

これは全部実際にあった相談です。どうしてそれをやりたいのかを聞きとりながら、あなたならどのように実現させますか?

第5章

「こどものまち」が未来を変える！

この章では、「こどものまち」の実践者と研究者の対談を通じて、コロナ禍を乗り越えた「こどものまち」の現状や、「こどものまち」が、子どもや地域に与える影響を探ります。

最初に「こどものまち」を10年以上続けてきた全国各地の実践者のみなさんと、「こどものまち」が子どもたちの社会参画意識、自立心、およびコミュニティ意識をどのように育成しているかについて話し合いました。

研究者の会談では、「こどものまち」の普及と持続性、質的側面に焦点を当て議論が進みます。活動の広がりとともに生じる課題、資金的な制約、および持続可能な運営モデルについての議論が展開されます。また、「こどものまち」が子どもたちに与える教育的価値について詳しく考察されています。

トークセッション参加者
番匠　一雅　ミニたまゆり（神奈川県川崎市）
岩室　晶子　ミニヨコハマシティ（神奈川県横浜市）
花輪　由樹　こどものまち研究家（金沢大学准教授）
小田奈緒美　キッズタウンKINJO（愛知県名古屋市）
金岡香菜子　ミニさくら（千葉県佐倉市）
渡慶次康子　ミニいちかわ（千葉県市川市）
近藤　真唯　キッズビジネスタウンいちかわ（千葉県市川市）
森岡　眞秋　とさっ子タウン（高知県高知市）
中村　桃子　ミニとちぎ（栃木県栃木市）

実践者が語る「こどものまち」

「こどものまち」を10年以上続けてきた全国各地の実践者のみなさんと、パンデミックを乗り越えた現在の「こどものまち」の現状や、これまで「こどものまち」が社会にどんな影響をもたらしたのかなどについて、ざっくばらんにトークしました。結論として、みなさんと「こどものまち」のチェックリストを考えてみました。

(1) コロナをのり越えて変化する「こどものまち」

岩室　長年「こどものまち」を続けてきた実践者のみなさんは、最近の変化をどのように感じていらっしゃいますか。「ミニさくら」は、日本で一番長年続けている「こどものまち」ですが、いかがですか。

金岡　参加する子どもが低年齢化しています。私が子どもとして参加していた最初の頃は、小4から中学生くらいまでが多かったので、「まち」の機能が回っていました。いま大きくなると子どもは習い事などで本当に忙しいんです。小学校低学年が増えて

金岡香菜子
（かなおか かなこ）

「ミニさくら」（千葉県佐倉市）運営・NPO法人子どものまち代表
こども市民として「ミニさくら」に参加し、中学２年の時、「こどものまち」代表として、ミニ・ミュンヘンを訪問。「こどものまち」卒業後、「ミニさくら」を運営するNPO法人を大人と共に法人化し、大学４年生のとき理事長に就任。

いて、べったり子どもについてくる保護者が増えています。「ミニさくら」は商店街のオープンな場でもあるので、子どもと保護者を分けて参加してもらうのが難しいんです。それで親と子の両方に対して、「ミニさくら」を説明し、「こどものまち」のしくみについて話す機会が増えています。

岩室　そうすると小さい子ども向けのお店が増えて中学生とかは参加しづらくなってしまいますね。「ミニヨコハマシティ（以下ミニヨコと略）」でも中学生はだいだい継続していて大きくなっても参加していたのですが、コロナを経て今までの継続が途切れてしまい、小学生中心になっています。過去は中学生が市長に立候補して当選することが多かったのですが、最近は小学生のみしか立候補者がいないです。市長になることの魅力も他の「こどものまち」に行けたりする、ということだったけど、それができなくなったのも大きいです。

金岡　コロナ禍では、こども会議や実際の「ミニさくら」もオンラインでくふうしてやっていました。リアルでの開催があいたこともあるのですが、現場でやっていたときにもだんだん低年齢化しているのを感じていました。年齢が上の子どもにおもしろいと思ってもらえなくなっているのかも。自分が経験した頃の「こどものまち」とは変わってきています。多くが、習い事、塾、部活、受験で離れていってしまうんです。一緒に子どもスタッフとしてやってきた子どもたちも、他のことを優先しないといけなくなっているようなのです。

岩室　晶子
（いわむろ　あきこ）

ミニヨコハマシティ（神奈川県横浜市）運営・
NPO法人ミニシティ・プラス　事務局長・本書著者
2007年から「ミニヨコハマシティ」を主催。2009年に「こどものまちEXPO」として「第３回こどものまち全国主催者サミット」「第２回こどものまち世界会議」を横浜で開催。2017年に、19歳以下の子どもが中心となり運営された「U-19サミット」を開催。

森岡　「とさっ子タウン」では、参加自体を小４～中３としていて、保護者が入れないとしているから、「こどものまち」経験者が高校生から実行委員になるという流れができ、そういう子どもが増えています。

渡慶次　「ミニいちかわ」は、コロナでも休みませんでした（縮小してでも続けた）。だから子どもたちが継続して参加しています。正確には、２か所やっている「ミニいちかわ」のうち、１か所は継続したけれど、１か所はお休みしました。当時、中３だった市長が「開催に責任をもてない」ということでお休みしました。

コロナ禍での開催では、子どもたちで開催のマニュアルづくりなどもしました。２０２３年は大学1年が、子ども会議を仕切ってくれて、中高生が2カ所のまち両方で12人ほどになり、メンバーは増えています。基本はすべて、子どもたちにまかせられる状態にあります。ずっと参加できなくても、年に一度、当日だけでも戻ってくる子どももいて、居場所となっていると思います。忙しくても、部活や塾のあいまを縫って（中３の受験生であっても）来てくれています。

（2）子どもたちが継続して集まる場の必要性

金岡　こどもたちの居場所になり、継続していけるのは、1年を通して会う機会があるからではないかと思います。（「ミニいちかわ」も「ミニヨコ」も1年を通して活動

森岡　眞秋
（もりおか　まさとし）

とさっ子タウン（高知県高知市）元運営メンバー
「とさっ子タウン」立ち上げから運営員として参加。「こうちこどもファンド」との関わりも強く、2023年には、この活動をまとめた書籍が発売されている。『こどもまちづくりファンド──ミュンヘンから高知へ』（2023、卯月盛夫、畠中洋行、萌文社）

している）「ミニさくら」では、イベントが終わると、いったん次回の「まち」を開くまでに間が途切れてしまいます。その間をつなぐ何かをやろうとしているのですが、大人のマンパワーがなくてできないんです。

番匠　「ミニたまゆり」では、本番前は子ども会議で子どもたちと会うのですが、間の半年間は何もやっていません。市長をやっているようなコアな子ども以外は継続できていません。みなさんの「まち」では、本番以外の活動状況はどうなっていますか？

1年を通じて定期的に会うことができているのでしょうか？

森岡　子ども市民同士がそれぞれ会うことができるのは、9月に行う「とさっ子タウン」のイベントだけなのですが、大人と大学生の実行委員自体は毎月会議を行っています。

岩室　横浜では、「ミニヨコ」の他にも「ジュニア編集局」など年間を通した活動もしていて、その子どもたちが「ミニヨコ」にも来ているので、何かしら会う機会は多いです。

番匠　「こどものまち」を継続していくために、どのような苦労がありますか。

金岡　私は子どもとして「ミニさくら」に参加し、そのまま続けていたら、代表になった、という感じで、引き継いだという感覚はないんです。私が請け負わねば、というような気負いもないです。「ミニさくら」は、よい意味でとてもゆるくやれるところがあります。

渡慶次康子
（とけし やすこ）

ミニいちかわ（千葉県市川市）運営・
NPO法人市川子ども文化ステーション元理事長
NPO法人の職員として、こども向けの舞台鑑賞事業、体験活動事業、居場所作り、子育て応援、放課後児童クラブなど様々な活動を運営。その一環として、2003年より「ミニいちかわ」を開催。

運営も「けがをしたら、この人のところに連れていってね」「子どもたちが判断できるようにアドバイスしてね」など、きちんとしなければならない、と言い出す人がいないんです。もしかしたら、そういう人はイライラしてしまい、手伝えなくなって去っていくのかもしれないですけど。

岩室　「ゆるくできる」と言えば「ミニヨコ」もそうだと思います。いちおう運営マニュアルを作っていますが、その内容も、「自分で現場で判断してください」というようなものですから。

　逆に保護者は、自分の子どもがどうしても心配みたいで（「ミニヨコ」は大人は「まち」に入れないので）ずっと遠くからでも見守っていますよね。

金岡　子どもだけでも全然困らずにできるのに、保護者は心配なんですね。

小田　名古屋の「こどものまち」は、コロナでまだ停滞気味です。子ども実行委員になっている子どもたちは、自分が積極的に申し込みしたのかなと思っていたら、最初のきっかけは、保護者が申し込んだからという子どもが多いと後で知りました。他のまちではどうですか？

岩室　「ミニヨコ」も保護者に申し込みをされ、最初はわからずなんとなく来る子どもも多いです。でもそこからハマってしまう。

金岡　「ミニさくら」は逆かな。子どもが行きたいと保護者を説得して来ている感じです。20年同じ場所でやっているから「ミニさくら」を知っている人は多いです。

番匠　一雅
（ばんしょう かずまさ）

ミニたまゆり（神奈川県川崎市）運営・
田園調布学園大学　教授・本書著者
2005年から「子どもが作る町ミニたまゆり」を主催。2018年に「かながわ子ども合衆国」、2023年に「世界子ども地域合衆国サミット」を開催。『地域で遊んで学ぶ、キャリア教育――こどものまちで働こう』（2008、共著、国土社）

中村　今は、栃木県の小山市へ引っ越して以来5回「ミニとちぎ」をやっています。定員を設けずに来たい子どもがいつでも来れるようにしたい、という思いはずっと持っています。「ミニとちぎ」も低年齢化していて6割が初めての参加でした。小学校全部に配布したら、申し込み2時間で定員に達してしまいました。小学校低学年が多かったです。サポーターになると、先行予約できるようにして、大人サポーターを確保しています。協力、協賛してくれる企業も毎年増えてきています。

（3）地域の大人たちに変化をもたらす「こどものまち」

番匠　「こどものまち」をやってきて、地域の変化も感じています。地域や周辺の大人たちから「こどものまち」の評価が当初は「お店屋さんごっこするのですね、かわいいね」というリアクションだったのですが、今は「本格的なことをしてるんですね」といった感想が多くなりました。

一例として「ミニたまゆり」には、毎回川崎市の（本物の）市長が来てくれるのですが、最初は「子どものかわいい意見を聴いてあげよう」と来たのですが、子どもたちの真剣な質問が多く「事前に質問内容を教えてもらって満足のいく回答をしたい」と言われるようになりました。そういう意味では子どもの意見を真剣に受け止めていると思います。

中村　桃子
（なかむら　ももこ）

ミニとちぎ（栃木県栃木市）運営メンバー・ミニさくら発起人
ミニ・ミュンヘンの見学をきっかけとして、「こどものまち」の日本開催を計画。2002年に、日本で継続して開催されるはじめての「こどものまち」として、「ミニさくら」を運営。現在は、栃木県に住まいを移し「ミニとちぎ」の運営に参加している。

中村　私が、千葉の佐倉市で「ミニさくら」を実施したきっかけは、とくに地域の課題解決ではなかったのです。大人の私自身が「ミニさくら」を経験してから、仕事というものに対する考え方が変わったんです。仕事をするということは、本来「まち」をよくすること、社会に参加することだと、「ミニさくら」をやるなかで教えてもらったんです。

仕事は義務のように思うけど、実際は義務ではなく権利なのではないかと思います。給料をもらうことは動機付けではあるけど、「こどものまち」では、子どもたちはみんな給料のためにだけ働いてはいません。やりたいことのために働いているんです。それを見て、実際の社会でもなぜそういうことができないのか、なんで大人にはできないのかと思うんです。「こどものまち」を経験した子どもたちが、地域社会でも、「まち」をよくすることに主体的に参画していってほしいなあと思います。

渡慶次　「ミニいちかわ」は、市川市では有名なイベントとして認知されてきて、そこに「参加させたい」という保護者が多いのです。この空間にわが子を参加させたい、学んでほしい、と。

最初に「こどものまち主催者全国サミット」を開いたとき、「こどものまち」＝「あそびのまち」、と言い切っていたと思います。「ミニいちかわ」もそれを大事に考えています。長年やっていて、そこを分かってくれる大人が増えています。最初は子どもに「やらせる」という大人が多かったのですが、そういう人が、子どもが自分で考え

近藤　真唯
（こんどう まさただ）

キッズビジネスタウンいちかわ（千葉県市川市）運営・
千葉商科大学　准教授
千葉商科大学在籍中に故中澤興起教授が運営していた「第２回キッズビジネスタウンいちかわ」に参加。卒業後、教員として同大学に入職。中澤教授退職後は、「キッズビジネスタウンいちかわ」の運営を引き継いでいる。

て、遊ぶことの大切さを理解する大人が増えていくことで、そういう人たちが毎回ボランティアに入ってくれています。ボランティアは毎回２００人くらいいます。その人たちがアンケートで、主催者の意図（「こどもの遊び」および、子どもの権利条約）を理解してくれたと感じます。そしてまた来年も関わりたいと言ってくれるんです。子どもにとって遊びが大事ということ、それが確実に社会を変えていると思います。

近藤　千葉商科大学での「キッズビジネスタウン」は、地域の中で「こどもにビジネスを体験させる」イベントでの評価を得ていると思います。本学は、高校の教員、とくに商業高校の教員を目指している学生が中心なので、その学生が子どもと関わることでの学びのためでもあります。継続性が大事なので、コロナ禍では人数限定でも行いました。私自身が大学生のときにキッズビジネスタウンのスタッフとしてとても楽しく関わっていました。そして、高校教師を経てから、母校に戻って担当することになりました。学生のときに体験して、とてもよかったので、今の学生にもスタッフを体験してもらうことが、教員を目指す学生にとっても大切だと思っています。

渡慶次　「ミニいちかわ」では、当日参加の保護者もボランティアとして参加してもらっています。自分の子どもとは違うブースを手伝ってもらうんです。そうすることにより、理解を深めてくれるからです。「こどものまち」のよさを体感してくれるんです。

「ミニいちかわ」で子どもたちが自分の力を発揮しても、自分のうちに帰って、そ

金沢大学准教授・こどものまち研究家・本書著者
長年に渡り全国の「こどものまち」および、ドイツのミニ・ミュンヘンについて研究に取り組んでいる。文部科学省検定済教科書　中学校技術・家庭や高等学校家庭の教科書にて『遊びの都市ミニ・ミュンヘン』を執筆。

花輪　由樹
（はなわ ゆき）

れを認めてもらえないなら社会は変わらないと思うんです。大人にも「子どもってこんな力があったんだ」と、自分の子どももふくめて、理解し、子ども自身の力を信じるようになってくれればよいと思っています。そういう大人を増やしていきたい。子どもだけでなく、保護者にも大きな影響を与えることができるんです。

（4）「こどものまち」と「キッザニア」はどこが違うのか

花輪　キッザニアが各地に出来ているけど、「こどものまち」に来ている子どもたちは違いとかをどのように見ているのか、子どもに聞いたことはありますか？

番匠　「こどものまち」に来ている子どもたちはまったく別物ってわかってますよね。同じと思っているのは保護者ですね。それで比較して、キッザニアよりレベルが低かったとか言われることがあったけど、参加している子どもたちはそんなことは思っていない。

岩室　キッザニアはテーマパークで「まち」じゃない。よく「こどものまち」と比較されることがあるけど、キッザニアは、与えられた仕事体験をする場であって、自分で創意工夫できることが少ないから、「こどものまち」とはまったく別ものですよね。

渡慶次　「ミニいちかわは、キッザニアよりレベル高い！」と言っていた子どももいました。

小田奈緒美
（おだ なおみ）

キッズタウンKINJO（愛知県名古屋市）運営・
金城学院大学　准教授・本書著者
2017年に岡山県岡山市において「キッズタウンKYOYAMA」を主催。その後「キッズタウンSHUJITSU」を経て、2001年より愛知県名古屋市にて「キッズタウンKINJO」を主催。全国の「こどものまち」に関するデータベースを運営。
https://oda-laboratory.com/database/

森岡　アンケートで、とさっ子タウンは「キッザニアとは別次元で楽しかった」という感想がありました。

岩室　「こどものまち」とは何か？　と言ったときに、遊びから出てくるやりたいという自主的な気持ち、何かにしばられない自由さ、「こどものまち」としての繋がり。助け合ったり、競い合ったり、やり取りしたり、商売したり、そういうまちの基本、それが成り立っているのが「こどものまち」だと思います。キッザニアでは仕事体験、遊びはできるが、自分たちのものを売買できない、自分のために体験するわけだから「まち」とは言えない気がします。それが欠けてしまうと「こどものまち」ではないのではないかと思います。

中村　子どもが主体的に関わるということが「こどものまち」の魅力だと思います。しかし、意味の受け取り方は人によってさまざまなので、キッザニアで子どもがわくわくしながら自分でやりたい仕事を選んで一目散にやろうとしているのを見て主体的とも言えるし、それを違うとは否定できないです。

キッザニアでは「仕事の本質を体験する」とも書いてあります。子どもが好きな仕事を自分の意思で選んで仕事をするんですけど、本来仕事は相手がいるもの、誰かへのサービスが仕事なのではないでしょうか。それは、私たちの「こどものまち」ではどこにでもありますが、キッザニアにはそれが全然ないのです。作業内容も本物にも近いのですが「相手へのサービスになっていない」、だから「まちをつくっていない」

キッザニアについて
https://www.kidzania.jp/corporate/whitepaper/
キッザニアは、３～15歳のこども達が職業・社会体験できる屋内型施設です。現在、18ヵ国27ヵ所で展開しており、各国の多様な文化を礎として、世界中の子ども達と共に成長しています。
日本には、キッザニア東京・キッザニア甲子園・キッザニア福岡があり、さまざまな仕事やサービスを体験できます。実社会の約２／３サイズの街並みに、企業や団体がスポンサーになったパビリオンが揃っており、ユニフォームや機材および食材などをご提供いただくことで、本格的な体験を演出しています。（出典：「キッザニア白書2023」より）

のではないかと……。遊びを、楽しさを追求しながら、相手へのサービスの中身を工夫して変えていけるのが「こどものまち」と言えるのではないかと思います。

近藤　キッザニアに、自分の子どもを連れていってみました。キッザニアは「まち」かと言われると、「まち」ではないですよね。また、本格的な職業体験はできるけれども、子どもたちが主体的な活動はできない。そういう意味で、私たちが求めている理想の姿にはあの形では行きつかないのかなと思いました。自分たちのやっている「キッズビジネスタウンいちかわ」に自信を持ちました。

「キッズビジネスタウンいちかわ」は、大学でやっているものなので、子どもたちだけではなく、大学生の成長も大切な要素です。教職課程の学生が大半なので、子どもの権利条約は当たり前にあるものなので、活動と一致します。

（5）あそびのまちとしての「こどものまち」が増えれば社会は変わる

岩室　中村さんは、未来の「こどものまち」に期待することはありますか？

中村　こどもたちの身近に「こどものまち」があってほしいなと思います。だからそれには、「ひとつのまちに〈こどものまち〉がひとつある」、というように広がっていってほしい。そして、その経験から、実際のまちづくりにも、関わっていける社会になってほしいなあと思っています。

「ミニさくら」基本データ

開始年	2002年
開催日数	２日
対　象	幼児～18歳
参加人数	300人／日
参加費	500円（２日間有効）
会　場	中志津中央商店街　千葉県佐倉市
主　催	NPO法人こどものまち
ホームページ	http://kodomonomachi.info

金岡　私は「ミニさくら」に最初からずっと参加してきました。それで社会人になって、やりたい仕事しかしたくない人です。仕事がおもしろい、やりたくない仕事をしない、そういう人は私の周りでは少数派です。もっとこうしたいと思うことを実行していくというのは、珍しいと気づかされました。

「ミニさくら」を経験したから、自分がやったことが誰かのためになるとうれしいと思えるようになったんだと思います。おもしろがって自分の人生を自分で決めていく、それができるようになっています。そういう人が増えたらいいなと思います。

渡慶次　今年、こども家庭庁ができて、子どもの権利条約がやっと前面に出てきていますよね。それを最前線でやっている「こどものまち」、あそびのまちとしての「こどものまち」が増えていくことで、社会は確実にかわっていくと思っています。学びをメインにしているところだとしても、学びながらも子どもたちは遊んでいるんです。いろんなところでいろんな形で「こどものまち」の取り組みが増えていって、児童館などでも、子どもが主体的に自分で考えてやるということが根づいていく土台になっていくのではないかと思って、期待しています。

岩室　「こどものまち」の活動自体が居場所となることもあります。子どもであれば、家と学校、大人であれば家と仕事、それ以外に違う場所をもっている方がバランスがとれるのではないかと思うんです（それが社会なのかな）。そういう第三の場所がないと人は崩れるのではないかと感じます。家と仕事で息詰まる、息苦しくなったとき

「ミニヨコハマシティ」基本データ

開始年	2002年
開催日数	２日
対　象	19歳以下で一人で来られるこども
参加人数	500人／日
参加費	300円
会　場	区役所など（毎年会場を探している）　神奈川県横浜市
主　催	NPO法人ミニシティー・プラス
ホームページ	https://minicity-plus.jp

に、別の場所があるという……それが地域の「まち」なのではないかと思います。子どもの頃から「まち」を意識していくことで、大人になっても一生「まち」とかかわってほしいんです。そのとっかかりが「こどものまち」なんじゃないかな。

だから、「こどものまち」の活動が社会の中で当たり前になることは必須。「こどものまち」を経験した子どもが本物の「まち」に出て、「まち」をよくしていくことにつなげていってほしいと願っています

番匠　全国の「こどものまち」には、調査によって、各開催場所によって、その目的の違いがあることがわかりました。学びだったり、地域の活性化だったり。でもどのまちも必ず子どもを中心においていること、子ども自身のためであるということは一致しています。また、多くの子どものまちのスタッフは、仕事ではなくボランティアで関わっている場合が大多数で、支援者や運営者は足りていないところも多いです。もっと「こどものまち」の認知をあげていき、持続可能な「こどものまち」にしていく必要があります。こども家庭庁もでき、子どもに対する政策を進めている政府にも周知してもらいたいとロビー活動もしています。

渡慶次　民間の学童保育をしている方が運営する「あそび大学（千葉大学とのコラボ）」も、呼び方は違うけれど、内容、コンセプトはまったく「こどものまち」そのものです。今年で４年目になるらしいです。「あそび大学」として、違うかたちとして広がっているものもあります。

「とさっ子タウン」基本データ

開始年	2009年
開催日数	２日
対　象	小学４年生〜中学３年生
参加人数	参加人数　250人（二日間参加できる人）
参加費	1,000円
会　場	文化プラザかるぽーと（市の複合文化施設）　高知県高知市
主　催	「とさっ子タウン」実行委員会
ホームページ	https://tosacco-town.com

（6）これがあってこそ「こどものまち」というものを定義する

岩室　「こどものまち」以外にもたくさんの広がりがあるということですね。「こどものまち」の定義ってなんでしょうか。これがなきゃ「こどものまち」とは言えない！というものがあるのでしょうか。

森岡　みなさんの話を聞いていて、「こどものまち」は、子どもの主体性を発揮してもらうところであり、社会を変えていく力を身につけるものではないかと思いました。

高知でも「こどものまち」を続けていくにはどうしたらいいかを、経済的な問題とか人の問題とかを工夫してきました。ＮＰＯでやっていると、無くなっていく活動も多いけど、「こどものまち」の活動は、自分ゴトとして捉えてくれる人がちゃんといるから、ずっと続いていくんじゃないかと思いました。

渡慶次　当日来た子どもたちにアンケートをとっているんです。アンケートは５００くらい集まるんですが、「ミニいちかわ」で何が楽しいかという問いに対して、「お客さんに喜んでもらえること」というのがダントツ1位でした。誰かの役に立てているという有用感を感じられることに意義を見出しているようです。

また、各お店や施設がただ個別に運営しているのではなく、「まち」として、自然にかかわり合いながらやっていることができている、それが「こどものまち」にはあ

「ミニいちかわ」基本データ

開始年	2003年
開催日数	２日
対　象	小学生～18歳
参加人数	800人
参加費	300円（２日間有効）
会　場	行徳駅前公園　千葉県市川市
主　催	NPO法人市川子ども文化ステーション
ホームページ	https://www.kodomobst.org

ります。

小田　子どもたちが楽しむことができる場所があるということが大事です。楽しいことを見つけられない子どももいる、自分のまわりの環境が楽しくない状況にある子どももいっぱいいるんです。

勉強でも遊びでも、楽しいから、のめりこめるんですよね。なんでも楽しむことが基本にあると乗り越えられるんです。そういう場所をつくれることがおもしろくて、「こどものまち」に関わっています。これからもどんどんいろんな「こどものまち」が各地で広がっていくとよいなあと思います。

花輪　いかに子ども同士が仲間になるか、子どもたちがいかにパートナーとなれるか、が重要なんだなと思いました。子どもが主体的に動くことは手段にすぎないのではないかと。

子どもの権利条約の意見表明権にしても、参加させてあげる、意見を言わせてあげる、ではないんです。子どもにしかできないアイデア、見えない世界、感性を表現できる場として、これからも「こどものまち」を見ていきたいと思います。

番匠　日本の「こどものまち」は今、３００ほどありますが、地域の課題を解決するツールとして「こどものまち」を活用しているよい事例があります。桐生市では市長が選挙公約に「こどものまち」の実施を掲げて当選しました。桐生のこどものまち「ミニ桐生」を地方再生の「まちづくり」のツールだと言っています。桐生市の産業を取

「ミニたまゆり」基本データ

開始年	2005年
開催日数	２日
対　象	５歳～15歳
参加人数	300人／１日
参加費	500円／１日
会　場	田園調布学園大学　神奈川県川崎市
主　催	田園調布学園大学
ホームページ	https://minitama.jp

り入れ、「こどものまち」のお店をつくり、運営していることで、地域のよさを再発見してくれるようになっています。その子どもたちは桐生市の魅力を感じてくれて、桐生のまちを好きになり、ここで働いてくれるのではないかという期待があります。

また、桐生は観光を産業にしているので、「こどものまち」でまちの観光ガイドを子どもたちがしたのですが、１年経って、その成長した子どもに会いたいというリピーターが街に来るようになっているといいます。他にも、調査した中で、地域の課題を子どもたちの力で解決するツールとして「こどものまち」を活用している事例をいくつも見ることができました。

渡慶次　「こどものまち」で社会を変えていきたいです。特に子どもを取り巻く管理的な社会（一方的に子どもにレールを引くとか）をどうにかしたいと思っています。「ミニいちかわ」に参加している子どもたちは、「ミニいちかわ」をよくしたい、市川のまちをよくしたいと言ってくれます。また市川のいいところはなに？　と聞かれて、「ミニいちかわがあること」と言った子どもがいると聞き、うれしかったです。「ミニいちかわ」が子どもたちの原風景になっていくんだろうなと思います。地域の大きな祭りなどもなくなっていく中で、子どもたちが思いっきり活動できる、地域の大人とも出会える場所として、「こどものまち」は大きなウエイトを占めているのではないでしょうか。ぜひもっと「こどものまち」が全国に広がってほしいです。身近な地域でやるお祭りくらいの感覚で増えてほしいと思います。

「ミニとちぎ」基本データ

開始年	2016年
開催日数	２日
対　象	小学１年生〜18歳
参加人数	200人
参加費	500円／１日
会　場	キョクトウ蔵の街楽習館（栃木県栃木市）
主　催	ミニとちぎ実行委員会（NPO法人栃木おやこ劇場事務局内）
ホームページ	https://tochigioyako.jp

「キッズタウンKINJO」基本データ

開始年	2021年
開催日数	１日
対　象	６〜12歳（小学生）
参加人数	30〜40人／日
参加費	無料
会　場	金城学院大学
主　催	キッズタウンKINJO実行委員会
ホームページ	https://kids-towns.com/

「キッズビジネスタウンいちかわ」基本データ

開始年	2003年
開催日数	２日
対　象	小学生
参加人数	300人
参加費	無料
会　場	千葉商科大学（千葉県市市川市）
主　催	千葉商科大学　地域連携推進センター
ホームページ	https://kbt.cuc.ac.jp

トークセッションを終えて①

「こどものまちチェックリスト」

あなたの「こどものまち」では以下のことができていますか？

できていないからダメということではないのですが、できているといいなと思ってチェックリストにしてみました。


あなたの「こどものまち」では……
□「主体性」子ども市民は主体的に参加できていますか？
□「有用感」子ども市民のまちの中で仕事は、他の誰かの役にたっていますか？
□「創意工夫」子ども市民のアイデアをまちに活かせていますか？
□「まちづくり」まちづくりを子ども市民みんなで行っていますか？
□「変革する力」まちをよくするために変えていくことができますか？

トークセッション参加者
番匠　一雅　田園調布学園大学　子ども未来学部　教授
岩室　晶子　田園調布学園大学大学院　子ども人間学専攻　修了
花輪　由樹　金沢大学　人間社会研究域　准教授
小田奈緒美　金城学院大学　生活環境学部　准教授
三輪　律江　横浜市立大学　国際教養学部　教授
木下　　勇　大妻女子大学　社会情報学部　教授
卯月　盛夫　早稲田大学　社会科学部　教授

二　研究者が語る「こどものまち」

「こどものまち」が日本で開催されるようになっておよそ20年、『こどもがまちをつくる』（2010年、萌文社）から10年以上が経過し、それから確実に「こどものまち」は増えています。子どもを取り巻く環境について、子どもの権利について、などをテーマに研究されていて、「ミニ・ミュンヘン」や「こどものまち」に詳しい研究者の方々に集まってもらい、トークセッションをしました。

(1) 増え続ける「こどものまち」に問われること

岩室　「こどものまち」は増え続けています。それでもまだ知名度が決して多くなく「こどものまちってなに?」ということを、一から説明しなくてはならない状態です。なかには「まち」の壁紙の前でコスプレして写真を撮るだけなのに「こどものまち」という名前がついているイベントもあります。また、「キッザニアのようなものですか?」と聞かれることも多いです。「キッザニア」を否定するものではありませんが、「キッザニア」と「こどものまち」は明らかに別のものです。

木下　勇
（きのした いさみ）

大妻女子大学教授、千葉大学名誉教授
「三世代遊び場マップ」などの活動や住民参画のまちづくり、都市計画、持続可能な都市再開発地域マネジメント、環境マネジメントの関連に従事。1980年頃ミニ・ミュンヘンに出会い、卯月盛夫教授とともに、日本に「ミニ・ミュンヘン」の活動を紹介。『こどもがまちをつくる』（2010、共著、萌文社）、『子どもまちづくり型録』（2023、共著、鹿島出版会）

そこで、子どもを取り巻く環境や子どもの権利についての研究をされている皆さんに「こどものまち」の意義についてお話しいただきたいと思います。

木下　キッザニアに比べて知名度があがらなくても、市民の関心で３００も広がっていれば、それはすごいことです。ここで大事なのは、なぜ３００も広まっているのか、なぜやりたいと思う人が出てくるのかということです。２０１０年の『こどもがまちをつくる』という本を出版したときから10年経って、市民の力で広がり、多様な関心、多様な運営主体で増えていると言えます。

ミニ・ミュンヘンからやってきた「こどものまち」が、日本で独自に進化しているのだと思います。日本では、１日あるいは数日しかできていない「こどものまち」だけど、イベント当日だけではなく、子ども会議などの中で、どうやって準備しているかというものも大事な要素です。

卯月　「こどものまち」が「広がった」ということだけれど、それをどう評価するかは難しいところです。開催箇所が増えた事実はよいと思うけれど、本当にそれぞれの「こどものまち」の内容や質がどうなのか、どのように評価するかが重要だと考えます。主催者はどういう属性の人たちが増えているのか、開催目的や開催期間なども細かく見ていく必要があります。

私の中での評価基準は、子どもが「こどものまち」に、継続的に参加することを通じて成長していっているのかということです。私は、「こどものまち」がよき市民を育

卯月　盛夫
（うづき　もりお）

早稲田大学教授　建築家、都市デザイナー
ドイツミュンヘン市のミニ・ミュンヘンや子ども・青少年フォーラムを研究する中で、「子どものまちづくり活動は大人を変え、社会を変える！」と信じ、近年は高知市を始め名取市、茅ヶ崎市などで、こどもまちづくりファンドの普及と運営支援に努めている。『こどもがまちをつくる』（2010、共著、萌文社）、『こどもまちづくりファンド―ミュンヘンから高知へ』（2023、共著、萌文社）

てる、ということが目的だと考えています。そのためにできれば連続して5～6日は開催してほしいです。「まち」をつくる日が1日や2日しかなくて、本当にその子どもの成長や「まち」が変わっていくのかは疑問です。そういった活動が10年ほど続けば「こどものまち」がよき市民を育てることの評価がされるのではないかと思います。

小田　開催場所は３００を超えたのですが、調査していくと現在は開催をやめているところも多いです。さらにコロナ禍でいったん中止したことにより、コロナ後も復活できないというところもあります。コロナ後の調査で確認できたのは（２０２２年時点で）まだ40か所程に留まっています。

継続という面から見ると、世代交代が難しいと聞きます。日本の場合、１日だけのイベントは実施がしやすいが、ＮＰＯ主体のところなどでは、継続するとなると難しいと聞きました。今年も学生が調査しているところですが、コロナでやめていた「こどものまち」が、コロナ後もやろうとしても復活できない、というところがたくさん出てきています。「こどものまち」を増やすという面では継続することはひとつの課題だと思います。

三輪　自分は「こどものまち」だけを研究しているわけではないのと、自分自身が「ミニヨコ」を運営している法人側。だからどうしても「ミニヨコ」を中心に「こどものまち」を見てしまうのですが、「ミニヨコ」では、子どもが自分の意思を主張できて、それを大人が聞いて、話し合う。そんな対等な関係が存在している会議や運営の在り

三輪　律江
（みわ　のりえ）

横浜市立大学教授、NPO法人ミニシティ・プラス理事長
大学在籍中、ミュンヘンの子どもの遊び場についての論文を執筆。その関わりの中で、ミニ・ミュンヘンについて興味を持つようになる。2008年にNPO法人ミニシティ・プラスを立ち上げ「ミニヨコハマシティ」の運営を行っている。
『まち保育のススメ』（2017、共著、萌文社）、『子どもまちづくり型録』（2023、共著、鹿島出版会）

方を大切にしています。

「こどものまち」が増えたことだけを評価する必要はないと思っています。「こどものまち」をやろうというのは、最初は大人なので、増えたのは、大人側の都合ではないかと。子どもがやりたいからという理由で、増えているわけではないですよね。もしかしたらどういうターニングポイントで増えているのかを詳しく見ていくと、大人の裏事情など見えてくるのではないかと思います。

「こどものまち」の普及というのも、ただ普及するということならば、なんとなく違和感があります。普及する必要があるのか。やりたいと思う大人と、それが楽しくて関わりたいと思う子どものワンセットが増えていくことが、目指す「こどものまち」ではないかと思います。

（2）「こどものまち」との出会いは？

花輪　みなさんが「こどものまち」に関わるようになった原点ってなんですか？　そして、みなさんが思う「こどものまち」の理想ってなんですか？

卯月　ミニ・ミュンヘンを何回か見て、子どもたちが目を輝かせて走り回り、とても集中して取り組んでいました。ミニ・ミュンヘンでは、「遊び」ということと、「仕事」とが完全に結びついていました。

私はルドルフ・シュタイナー[※]を研究対象にしていて、ドイツにシュタイナーの共同体が２００ほどあるのですが、障害をもった子どもや大人たちが、すごく目を輝かせながら自分ができる仕事をそこでしている。単に紙を切るだけとか、玉ねぎの皮をむくだけなど、単純だけど、社会の役にたっている。労働は誰かのために行うものだと学びました。ミニ・ミュンヘンの中で子どもたちが目を輝かせながら楽しい活動をしているのを見て、日本に欠けている何かがあるのではないか、これは映像で日本の人たちに伝えるしかないと思ったんです。映像の専門家ではなかったが、学生を連れて行ってＤＶＤ（ミニ・ミュンヘン紹介の）[※]を作りました。子どもたちの目の輝きがすごくてショックを受けました。そのときはそれ以上のことはなかったです。

木下　私がスイスに留学したのは１９７９年の９月なので、第１回のミニ・ミュンヘンは見ていない。でも当時そのなごりのような空気はありました。当初は冒険遊び場[※]に関心があり、ミュンヘン市の青少年課に行ったんです。そのとき、「プレイバス」（16頁参照）を紹介されました。それは空き地での大きな「ごっこ遊び」でした。ミニ・ミュンヘンの原型だと思います。遊びと学びが一体となった活動です。それを『遊びと街のエコロジー』という本に書いてまとめました。その後「プレイバス」もミニ・ミュンヘンもドイツの中でも広がっていきました。

ＩＰＡ[※]のベルリンの大会で、ヴォルフガング[※]さんたちから頼まれて、日本で誰かを呼びたいとなったときに、テレビゲーム、コンピューターゲームを研究していた佐伯

ルドルフ・シュタイナー
オーストリア生まれ（１８６１―１９２５）。建築家、哲学者、教育者、人智学の提唱者。子どもの発達段階に応じて、芸術、手工業、科学などさまざまな分野を統合した教育を提唱した。個性の尊重や教育の目的に関する考え方は、日本の教育に影響を与えた。

『ＤＶＤミニ・ミュンヘン――子どもがつくる、もうひとつの都市』〈増補版〉
卯月盛夫が代表を務めるミニ・ミュンヘン研究会が作成した映像作品。ミニ・ミュンヘンの子どもたちのようすや、大人スタッフのインタビューを通じて、子どもにとって遊びとは何かを伝えている。http://mi-mue.com/media/（２０１０、萌文社）

冒険遊び場
1943年にデンマークのエンドラップ廃材遊び場からはじまり、今や世界中に広まっている。ここは「すべての子どもが自由に遊ぶこと」が保障される場所で、プレーリーダーやプレイワーカーによって、「子どもが自ら遊び育つ」仕掛けや、「多様な人が参画できる」環境づくりが行われている。

IPA
子どもの遊びや遊び環境の改善に向けて研究・実践している国際的な組織（1961〜）で、日本支部（1979〜）の会員には、子どもの遊び・環境・環具に関する実践者や教育者、研究者、設計者などの専門家たちが在籍している。またこの組織は、「子どもの遊ぶ権利のための国際協会」とも称され、特に「子どもの権利条約」31条の休み・遊ぶ権利の普及・啓発を行っている。

胖氏を呼びました。佐伯胖氏※によると、学びは「まねび」だという話になりました。そこで「ミニ・ミュンヘン」の意味などを考えると、「ミニ・ミュンヘン」も大人社会の真似から始まっていて、大きな「ごっこ遊び」です。そして、そこから現実のまちとの繋がりが生まれています。

三輪　私は横浜とミュンヘンの都市の比較を大学の卒論でテーマにしたのですが、その研究の中で、「プレイバス」を目撃しました。「ミニヨコ」をやることになった時点では、ミニ・ミュンヘンを見ていません。

木下　自分がドイツに行った頃、冒険遊び場がミュンヘンには3か所しかなかったので、近所になければ子どもたちが行くことができないから、遊園地がやってくるという感覚で、バスにいろいろ積んで、メリーゴーランドやサーカスがやってくるというのがドイツでは普通だったのです。

番匠　どうして大学で「こどものまち」をはじめたのか、というと「ミニさくら」の模倣をすれば、大学として特色になるかなと思い、始めたんです。やってみてわかったことが2つあります。

1つ目は、子どもの変化です。最初は夢を語ってくれるとき漠然としているのですが、「ミニたまゆり」に参加したあと、将来の夢について聞くと、お札を数えるのがおもしろかったから銀行員になりたい、「料理を提供しておいしい、と言われたことが忘れられなくて、コックさんになりたい」、とか具体的に自分が経験したことをも

ヴォルフガング・ツァハリアス

ミニ・ミュンヘン創設者のひとり（1941—2018）。Pädagogische Aktion（PA）／Spielkultur e.V.の組織の代表。遊びが教育に重要であることを理論化し、プレーワーカーの専門職を社会に根付かせることに貢献した。またドイツのいくつかの大学には、Freizeit Pädagoge（余暇教育者）の養成コースが設けられ、そこで教授もつとめた。

佐伯　胖

さえき ゆたか（1939年生まれ）。東京大学名誉教授、元田園調布学園大学大学院教授。認知心理学者。人類学的観点を取り入れた状況的学習理論をもとに、実践的学習論を展開。幼児教育の教育・研究に従事している。

とに将来の夢を語るようになるということです。また、同じ仕事を体験していても、ある子どもには響き、またある子どもには響かない。その子にあったジャンルや仕事にであうチャンスになっている。そこからまた、子どもたちがその仕事に就くためにどんな勉強が必要だ、などの勉強する意義にもなっているのです。

２つ目は、子ども会議です。本番の「こどものまち」ほどは人が集まらないのですが、50～80人くらいの子どもたちが集まります。その子どもたちと話すと、学校、部活動、塾、習い事、家庭などで自分の意見を言う機会がなく、窮屈な生活をしている子どもが多いと感じます。「こどものまち」の子ども会議では何を言っても違和感がないため、自由に意見を言える場があることが子どもにとってよい、と感じています。

小田　子ども会議を何度もやれるところは、子どもたちが意見を聞いてもらう機会も多いので実行委員の子どもたちには充実していていいなと思います。でも私は当日参加するだけの子どもたちにもいい影響を与えられるといいなと思っています。

「こどものまち」の開催の調査をしようと思ったのは、愛知県で開催された「こどものまちサミット」での話合いが発端でした。どのくらい「こどものまち」があるのか、どのくらい広がっているのかということなど、わかっていることを書き出してみたのです。そのとき、「こどものまち」の定義をあまり決めないで最低限「仕事体験ができ、給料が発生している」というところであれば、「こどものまち」のデータベースに入れようということで調査してきました。

花輪　私が、「こどものまち」に出会ったのは、修士論文の作成時で、地域活性化など、地域がどうしたらより良くなるのかを考えていたときです。地域がよくなるためには、そこに住む人がいやいやではなく遊びのように楽しく、地域継承できないか、そういった取り組みはないのかと探している中で、「こどものまち」に出会いました。

子どもが楽しく活動することでその空間づくりに貢献できて子ども自身が成長し、その場もよりよく発展していくような、そういった理想として、「こどものまち」を見ています。初めて訪れたのは夜行バスで参加した２００９年8月の「ミニヨコ」の「こどものまち世界会議」と「こどものまち主催者全国サミット」のボランティアでした。

（3）「こどものまち」を継続してきたからわかる、その意義と価値

木下　今年の「とさっ子タウン」に行ってきました。コロナ禍でいったんやめていたので、再開したら学生サポーターが少なくて、ゼロからつくる感じでした。「とさっ子タウン」では、「子ども市民」だった人が、今度は運営側に回っているという人が多いです。今回の実行委員長は、過去「子ども市長」だった人です。「子ども市長」だったときに、競輪場で開催していた「こどものまち」を現在の「カルポート」※で行いたいと高知市長に直訴した立役者だったと聞きました。インタビューしたら、「こども

※カルポート
高知市にある多機能型文化ホールで、毎年「とさっ子タウン」の会場となっている。長いエスカレーターを登った先に「まち」が登場する演出が、「とさっ子タウン」らしさとなっている。

のまち」を経験したことが今の自分を形成していると言っていました。

また、副実行委員長は、子どもの頃「とさっ子タウン」に参加したことで、消極的な子どもだった自分が変わった、と言っていました。現在銀行に勤めているのですがスタッフとして参加していました。「子ども市民」からスタッフになって参加を継続している人がたくさんいました。

「とさっ子タウン」で、「子ども市民」から大人スタッフになった人にヒアリングしました。「子どものときには消極的な子どもだったけど、〈とさっ子タウン〉に参加したら、だんだん変わってきた」「自分の意見を聞いてくれる場所があった」「いろんな大人との関係ができた、学校でも家でもできない経験ができた」という声がありました。

番匠　さきほど、「こどものまち」の開催が2日程度だと何も変わらないのでは？　と卯月さんが言われていたけれど、そんなことはないです。日本では、運営主体の体力がないことも理由ですが、長期に渡って開催することが難しいです。なので、事前に子ども会議を開催しているところが多いです。事前に行われる子ども会議に連続して参加している子どもは、得られるものが全然違うと思います。同じ2日間でも大人が全部準備していて、当日しか子どもが参加しないような場合とは比較できないです。

卯月　大人だけが企画を立てるのではなく、子ども会議で全体の企画を立てるというのは日本の特徴ですね。子ども会議で子どもは成長しています。当日参加してきている子どもたちの成長と、子ども会議で議論している子どもたちではどうしても違ってきます。ミニ・ミュンヘンでは当日遊びに来た参加の子どもたちの成長は、参加した期間によって、変化していきます。ミニ・ミュンヘンでは小学生が成長していくのだけれど、もしかしたら日本は企画にかかわる中学生、高校、大学生の成長になっているのかもしれません。

「とさっ子タウン」でこんなことがありました。準備してきた子どもたちは準備してきた通りにやりたいし、当日来た子どもが計画とは違うことをやってみたいというときに、大学生が口を出したりするのを見ることがありました。準備しすぎるとそういうことも起こります。だから5日間以上連続して実施すると、企画した側も力が抜けてきて、そこに参加者の自由や主体性が育まれる可能性があると思うんですよね。準備しすぎる弊害もありますよね。

「こどものまち」を継続し、その質をあげていったり、新しく「こどものまち」を始めるときには「何が社会全体として〈こどものまち〉に望まれているのか」ということがとても重要になります。

岩室　私は公立の芸術大学に行っていたのですが、ヨーロッパで「〈お金がかからない〉公立の芸術大学は日本には4つしかない」というと驚かれます。ヨーロッパではひとつのまちにお金がかからず何らかの芸術を学ぶ場があると聞きました。子どもにとって場が少なければ芸術に触れる機会が少なくなります。「こどものまち」が芸術を学ぶ場を補うことにもならないでしょうか。

木下　芸術もそうだけど、職人技も含む仕事の技に、子どもたちが触れる機会が少なくなっていると思います。「こどものまち」で子どもたちがそれを体験すること、遊びながら関わることが必要だと思います。

今の子どもは、ほとんど外で遊ばなくなっています。「こどものまち」の数が増えるのが大人の事情だとしても、そういう大人が出てくるだけでもありがたいというのが日本の状況じゃないでしょうか。消費社会、サービスを受けるだけ、（自分でやろうとしないで）クレームを言うだけになっている大人が増えています。そういう中で、「こどものまち」っておもしろそう、やってみたいというだけでもありがたいという状況だと考えます。

ミニ・ミュンヘンでは「遊びの学び」という専門の領域の大人が関わっています。普段関われないことに遊びの中で関わってもらう、そういう機会を増やさないといけないと思うのです。誰かが介入していかないと、子どもらの遊びの経験の場がなくなってきているのです。「こどものまち」もその遊びの経験の手立てのひとつです。

三輪　「こどものまち」が増えているのは、大人側の変革が理由だと思っています。増えている中には「これ、こどものまち？」というものもあるんです。「遊び」や「子どもの主体性」などをどこまで大切にしているかが重要です。「こどものまち」と称しているものの中には、子ども側が受け身で与えられたものをしていくだけのところ

特命子ども地域アクター
まちづくりに子どもの力を活かそうと、ＮＰＯ法人ミニシティ・プラスが神奈川県との協働事業で実施してきた。公募で集まった小学校高学年〜高校生が、特命を受けたまちづくりの現場で大人と一緒に課題に取り組む。その子どもたちを「特命子ども地域アクター」と呼んでいる。

もありそうです。

「こどものまち」の定義に関しては、「ミニヨコ」を運営しながら大人の中で、何を神髄とするかをかなり議論しながら大人のかかわりを進めてきました。その中で、やっている子どもたちが「架空のまち」だけでは物足りないから、「現実のまち」で力を発揮するために「特命子ども地域アクター※」という事業をつくり出しました。「こどものまち」のスタッフとして運営側に参画するだけではなく、実際の「まち」の中に子どもたちがかかわっていく場を作り出し、そこに「こどものまち」を経験した子どもがかかわっていく、という事業をしています。そういうものもあると、「こどものまち」が続いていく意味、価値があるのではないでしょうか。

「こどものまち」での遊び、大人とのかかわりも重要です。また自分だけが楽しいことをしているのではなく、誰かと一緒に楽しいことをしたり、それが他の誰かを楽しくしたり。仕事と呼べないようなものであっても「こどものまち」では大切なことだと思います。

（４）「こどものまち」は子どもが主体的に社会参画する入り口に

番匠　２年くらいかけて全国の「こどものまち」のいくつかにインタビュー調査をしたのですが、主催者ごとにこだわりは違っていました。ただ私が思うのは、子どもの意見が入る隙がないのは違うと思います。子どもの意見を反映させるしくみがあることは重要な条件だと思います。

花輪　日本型の「こどものまち」では、子どもにゆだねて大人は「あえて手をぬく」ことが必要かもしれないなと思いました。日本の「こどものまち」では日常の「ケ」の中で、「こどものまち」の準備がどのように行われているのか、また「ミニヨコ」や「とさっ子タウン」のように「こどものまち」にかかわっている子どもが他の活動にどうかかわっているのか、なども見ていく必要があると思いました。「こどものまち」の活動がどんな風に地域の中に存在しているのか、についても大事なポイントになるのではないでしょうか。

卯月　今までの議論で、「こどものまち」が閉鎖空間で限られた空間だけで行われているわけではないという問題提起があったと思います。自分の住んでいるまちで、いつでも子どもが主体的に意見を言ったり、参画できるような入り口として「こどものまち」があるのではないか。限られた空間、限られた時間の中で行われる「こどものまち」は、本物のリアルな「まち」で子どもたちが主体的に参画できるきっかけなのではないか。

三輪　ＮＰＯ法人ミニシティ・プラスでは、子どもが主体的に関わるという3つの事業をやっています。

1つは「子ども記者活動」。子どもが地域や人を取材して「まちを知る」活動。2

つ目は「こどものまち」をつくるミニヨコハマシティ。自分でやってみるという活動。3つ目は「特命子ども地域アクター」。大人側の世界に子どもの可能性をつっこむという事業です。大人からの「特命」を受けて、子どもがコンサル的にアイデアを提供し、大人と話し合いながら実現していく。たとえば商店街が疲弊していてなんとかしたいというオファーがあったりします。今まで子どもとの対話経験もない大人たちに子どもとの対話力をつけてもらうことから始まります。子どもたちをひとりの人としてみる、ということが最初はできないんです。でもすぐに変わっていき、子どもと一緒に事業ができるように大人も成長します。その楽しさを理解してくれます。

また「特命子ども地域アクター」は、ずっとアクターの子たちが派遣されるわけではないんです。ちょっと遠いまちに派遣されることも多いので、そこに住み続けているわけではないからです。地域の子どもたちもアクターたちの活動をみて、活動に入りやすくなりますし、大人の方も地域の子どもたちに呼びかけて一緒に事業をやる力がつきます。子どもたちは参加したい、活躍したいと思っていると大人に気づきを与えます。

（5）「こどものまち」の基金設立を提案するときが来た

卯月　先ほど「キッザニア」の名前が出ていましたが、かつて「ミニ・ミュンヘン」

のゲルト※さんを日本に呼んだとき、「キッザニア」の社長と座談会をしました。ゲルトさんをキッザニアにつれて行き案内しました。ゲルトさんは「キッザニア」を見て、痛烈な批判をしたんです。

そのあとゲルト、卯月、木下の３人で話をしたとき「日本ではまだまだの状態だ」と私たちが愚痴ったら、ゲルトさんは私と木下さんに言ったんです。「君たちの役割は、企業巡りをして〈こどものまち〉の趣旨を伝えて、〈こどものまち〉を全国に普及するための基金をつくるべきだ」と。そのとき（２００７年）は、まだ10くらいしか「こどものまち」がなくて、まだ普及していなかったので、「そんなことできっこない」とゲルトさんに言ったんです。

今また、そのことを思い出しました。「こどものまち」は各地での開催が増えてきたけれど、やめてしまうとか、期間が短いというのはやはり資金力がないことに起因していると思います。それをどのように集めるのか。１か所に基金を集めて、ある条件に満たされたものは、出すというふうにしたらどうかと。

以前日本ＮＰＯセンターの評議員をしていたときに、いろんな企業がどこに寄付をしたらいいか分からないという意見が多く聞かれました。お金を出すからには、企業のイメージアップに貢献できるところに寄付したいわけです。その中でも一番無難なのは子どもの活動だと言われました。今まさにこども家庭庁※もできたので、「こどものまち」の、もつ意義を、個別に自治体や企業にお願いをするのではなく、国がどー

ゲルト・グリューナイズル
ミニ・ミュンヘン創設者のひとり（１９４４年生まれ）。１９７３年にヴォルフガング・ツァハリアスとともにPädagogische Aktion（ＰＡ）を設立し、プレイバス活動を開始。学校外における芸術・教育・日常生活の「文化教育」のあり方を探る中で、１９９０年に「文化と遊び空間（Kultur & Spielraum e.V.）を設立し、現在のミニ・ミュンヘンなどの活動を主導している。

こども家庭庁
２０２３年に設立された子どもに関する政策を企画・実行するための新しい行政機関。子どもの意見を集約し、子どもの目線に立った政策を実現することを目的としている。

んとお金を出して、それと同額企業が出して、基金の運用をはかることを提案する時期なのかなと思いました。

木下　何かを広げるときに、「こうしなければならない」と言い切ってしまうと広がるものも広がらないです。だから、本などを作り、伝えるべきことを伝え、やっている人が気づいて、修正してもらうことも大切です。

卯月先生のお話にもあるように、「こどものまち」は将来の人材を育てる活動でもあり、こども家庭庁ができ、子どもの参画をどう作るか悩んでいるのであれば、それを訴える必要があると思います。「こどものまち」にお金を出せば、その部分が実現できる、といってもよいのではないでしょうか。

この本がその基金をつくるのに役立っていけたらよいと思います。

番匠　「こどものまち」がある基準を満たしていたら基金から補助金を出すという場合、その基準が大切だと言われていました。三輪さんのお話にもあったように、その基準はとても大切だと思うんです。今は自称「こどものまち」と言えば、小田さんのデータベースには入ってくるんです。卯月先生にとっての基準とはどんなことだと思いますか？

卯月　主催者の目的や、長く続いているところであれば子どもたちがどう成長したかなど、総合的にみて、基準をまとめたほうがいいでしょうね。もし基準があるとしたら、たとえば10年は続けることを前提に、その中で年度ごとに成果を見ていくというような活動の助成金にしたらよいのでは、と思っています。

全員　今がんばっている、「こどものまち」のOBたちを表に出して、その人たちと私たち大人がタックを組んで「こどものまち」を支える基金がつくれたらいいです!!

こどものまちデーターベース

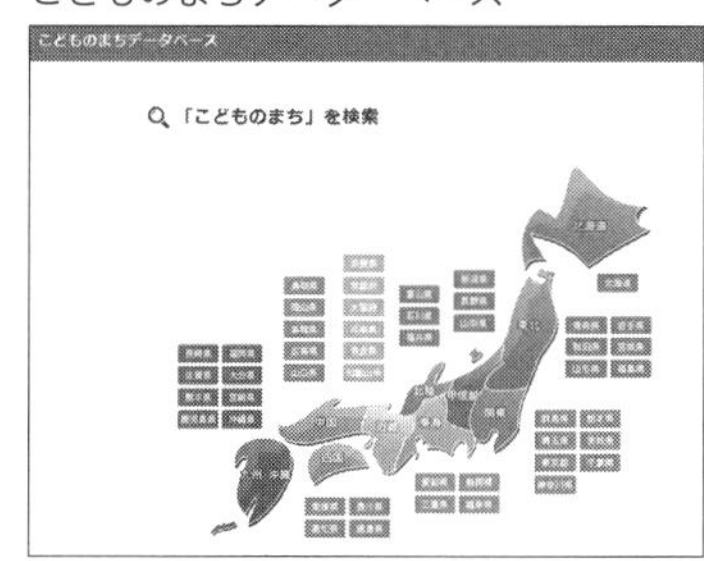

小田准教授の研究室で運営している「こどものまち」データーベースでは、全国300以上の「こどものまち」の情報を検索することができます。
https://oda-laboratory.com/database/

トークセッションを終えて②

「こどものまち」の意義

1. 子どもたちに、地域に、社会に、世界に、確実によい影響を与えています。
2. 子どもたちが社会に参画する入り口としての役割を果たしています。
3. 子どもの力を信じ、協働することができるようになることから、大人にもよい変化を与えています。

おわりに

本書の発行は、２０１９年に公益財団法人前川財団の「家庭・地域教育助成」制度を利用して実施された全国の「こどものまち」調査から企画されました。この調査は、単なるデータ収集にとどまらず、「こどものまち」のＯＢ・ＯＧ、その保護者、主催団体代表との対話を通じて、「こどものまち」が子どもや大人、地域に与える影響を明確にすることを目的としていました。

「こどものまち」を主催する団体は、それぞれ異なる特性や実施目的を持ち、地域が抱える問題を「こどものまち」の活動を通じて解決したいと考えています。「こどものまち」が、子どもを中心に据え、地域の大人、企業、行政をつなぐハブとしての役割となり「将来を担う子どもたちのため」というキーワードのもと、地域の人々や団体が連携し、地域活性化に繋がっています。このように、「こどものまち」は、子どもだけでなく、社会や世界をも変える可能性を秘めており、本書の書名を『こどものまち」で世界が変わる』としました。

最近、新たに「こどものまち」を始めたいという団体からの相談が増えています。その際には、その団体の特性や目標をヒアリングし、これまでのさまざまな「こどものまち」の事例を参考にして適切なアドバイスをしています。もし「こどものまち」

の進め方について悩んでいる方がいらっしゃれば、お気軽にご連絡ください。可能な限りサポートさせていただきます。

全国の調査を通じて、「こどものまち」の有効性が明らかになる一方で、「こどものまち」が抱える問題も浮き彫りになってきました。それは、活動の持続性についてです。多くの団体が活動資金を寄付や助成金で賄っており、その金額が不十分であるために運営スタッフが負担している事例もあり、スタッフの疲弊や継続の難しさを問題とする意見も聞かれました。

この問題を解決する方法として、ドイツの事例が参考になると考えています。２０２１年に開催された「ミニ・ミュンヘンと日本をつなぐオンラインシンポジウム」に参加した、ミニ・ミュンヘンスタッフのマーギット氏やジョシャ氏は、ミニ・ミュンヘンの運営について次のように述べています。

ミニ・ミュンヘンの実施には法的根拠が有り、行政活動の一部として位置付けられています。ドイツでは、行政が子どもたちの居場所を提供する義務があり、ミニ・ミュンヘンがその一環として機能しています。そのため、ミュンヘン市が法律に基づいてミニ・ミュンヘンを運営しています。子どもの参加費は無料で、図書館と同じようなものだと考えるとわかりやすいです。図書館が、若者の居場所や勉強する場所として使われる。ミニ・ミュンヘンも同じです。他のドイツの「こどものまち」も同様ですが、ミニ・ミュンヘンは歴史があり行政の支援は充実しています。市民のボランティアも多く、民間からの支援も受けています。

日本とドイツでは、行政の仕組みが異なるかもしれませんが、ドイツでも最初から行政が子どもの政策に積極的だったわけではなく、支援団体や子どもたち自身が行政への働きかけを続けてきた結果だと言います。行政が積極的に「こどものまち」に関わる事例も増えてきています。今後、私たちのような「こどものまち」実践者や研究者が、国や行政への働きかけを継続し、「こどものまち」の認知を広げ、「こどものまち」が持続可能な地域に根付いた活動になるよう取り組んでいきたいと考えています。

本書の発行にあたり、「こどものまち」に関わるたくさんの方々に、アンケート調査やインタビュー調査、データ提供などでご協力いただきました。また、編集にあたり、萌文社の永島憲一郎さんや北方美穂さんには多大なる協力をいただきました。この場をかりて心より感謝を申し上げます。

最後に、「こどものまち」の取り組みが発展することを願って、番匠・岩室を応援してくださった亡き杉山昇太さんにも、感謝の気持ちを述べたいと思います。

2024年3月

番匠　一雅

ミニたまゆり　第１回子ども会議マニュアル

会　　場：田園調布学園大学〇〇教室
日　　時：〇〇年〇月〇日（土）13:00～16:00
備品準備：模造紙・模造紙用のカラーペン・名札ケース・名札用紙・筆記用具・付箋・メンディングテープ・駄菓子・備品ボックス、ゴミ袋

10:00～11:30 事前準備	学生スタッフ集合 出席確認、名札の記入、テーブルの移動、配布物の準備、本日の流れの確認、リハーサル
11:30～12:30	受付・誘導などの準備、及び担当の配置につく
12:30～13:00 受付開始	子どもたちの受付開始 ①事前申込者チェックリストを確認し子どもにグループ名を伝える ②その後、グループ誘導担当の学生は、子どもたちを各グループの場所まで誘導し、名札の記入の説明を行う　※学生は、積極的に子どもたちに声をかけてください
13:00～13:20	ミニたまゆり・子ども会議の説明 ・ミニたまゆりの説明・子ども会議の説明・各グループの役割・市長選挙の説明 パワーポイントや動画を使って、ミニたまゆりの流れや子ども会議の説明を行う。
13:20～13:50	**アイスブレイク（仲間づくりゲーム）（25分）** 〈1．十人十色ゲーム〉 「ペットを飼うなら犬それとも猫？」といった、好みを聞いて参加者の意識を共有するゲーム。 〈2．グループリーダー・グループ名決めゲーム〉 各グループの子どもたちの中から、子どもリーダーとグループ名を考えてもらいます。 ※子どもたちの中には、ルールがよくわかっていない子や、恥ずかしくても話せない子どもがいます。優しく声をかけて、子どもたちの意見を引き出してあげましょう。 ※アイスブレイクの目的は、子どもたちがグループワークの場や、初めて会った人たちに慣れることです。
13:50～14:00	お菓子の配布　10分間の休憩
14:00～14:20	**グループワークの説明** ・グループワークのやり方・目的を解説します
14:20～15:30	**子どもたちによるグループワーク** ・４つのテーマに分かれて、子どもたちと大学生が、テーマに沿った議論を行います。 ①世界の子供達がもっと仲良くするためには（Ａグループ） ウクライナの子どもたちの話を聞きながら、日本で暮らしやすくする方法を考えます。 ②AIを利用した新しい仕事を考えよう（Ｂグループ） 今までにない、新しい仕事のアイデアを考えます ③SDGsを意識したエコなまちづくりをするためには（Ｃグループ） ゴミ問題や子ども食堂のメニューを考えます ④子どもに優しい町づくりについて考えよう（子どもの権利）（Ｄグループ） 生活で困ったこと・嫌な事を考えます。そして、どうすれば解決できるか考えます。

<table>
<tr><td colspan="2">

グループワークマニュアル

グループワークの目的

子ども会議では、子どもたちが自分たちの意見やアイデアを発表し、自らの力で、まち作りを行います。グループワークを通じて、子どもたちは、協力やコミュニケーションのスキルを身につけながら、まちの課題や改善策について考えます。大学生は、子どもたちをサポートし、意見の引き出しや意見の整理の手助けをします。

グループワークの進め方

①ファシリテーターからの説明
各テーマごとに、ファシリテーターが説明を行います。子どもたちが理解しやすいように、具体的な例を伝えましょう。
②アイデアの収集
子どもたちに理解しやすい質問を投げかけ、それぞれのテーマに関するアイデアや意見を付箋に書いてもらいます。大学生は子どもたちをサポートし、子どもの考えを言語化する手助けします。
③アイデアの整理
子どもたちが付箋に書いたアイデアを大きな声で発表しながら、テーブルの上に置きます。大学生は、共通するアイデアをグループごとに整理し、模造紙に貼り付けます。
④アイデアのまとめと発表
ある程度時間が経過したら、模造紙に貼られたアイデアから特に重要な物を選び、それらを組み合わせて、グループの意見としてまとめます。その意見を大学生が模造紙に書き、子どもリーダーが、発表します。

ファシリテーターの役割

ファシリテーターはグループワークの進行をサポートし円滑な意見交換を促進します。具体的な役割は次の通りです。
・テーマの説明と、背景情報の提供
・子どもたちの質問に答える
・グループ内でのコミュニケーションを円滑にする
・時間管理を行い、進行をすすめる
・グループの意見をまとめる際にサポートする

子どもへの接し方

子どもたちとのコミュニケーションを円滑にするために、大学生は以下の点に気をつけましょう。
・子どもたちの意見やアイデアを尊重する
・同じ目線で物事を考え、発言する
・無理な指示や押し付けをせず、自発的な発言を促す
・子どもたちが理解しやすい言葉を使う
・聞き上手であり、子どもたちの発言に対して関心を示す
</td></tr>
<tr><td>15:40〜16:00</td><td>各グループの発表
第２回子ども会議について
①子ども市長選挙の説明（第２回子ども会議で子ども市長選挙を実施）
②宿題の説明
③終わりの挨拶</td></tr>
<tr><td>16:00〜16:30</td><td>片付け</td></tr>
<tr><td>16:30〜</td><td>報告・反省会
※各グループで話し合った内容や次回の子ども会議に向けた改善点などを共有する</td></tr>
</table>

ミニたまゆり2019　募集チラシ

ミニたまゆりとは？

「ミニたまゆり」は、川崎市麻生区にある田園調布学園大学が地域の子どもたちのために開催するイベントです。

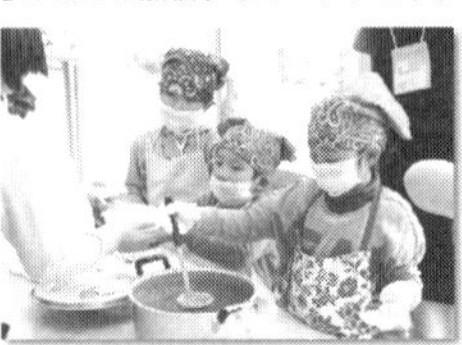

ミニたまゆりに参加した子どもたちは、自分たちの力で町を運営します。町には、市役所 銀行などの公共施設、様々な製品を製作する工場や食事を提供するお店、ゲームを楽しむための娯楽施設など様々なお店（仕事）が用意されています。子どもたちは自分の好きなお店で仕事を体験します。仕事を終えた子どもたちには、お給料が支払われ、納税 消費体験を行うことが出来ます。子どもたちは、このような町作り体験を通して労働の喜び、お金の大切さなど、社会のしくみを楽しみながら学びます。

※ミニたまゆりの名称は、田園調布学園大学の最寄駅であるたまプラーザ駅 百合ヶ丘駅にちなんで命名されました。

色んな、仕事を体験しよう！

公共	市民登録・職業案内・銀行・税務署・テレビ局・新聞社・市役所・清掃局・警察署・人助けの仕事・郵便局
制作	紙漉き・フラワーバスケット・スライム・ぶんぶんコマ・手作りおもちゃ・食品サンプル・風車・カレンダー・ポーチ・ブレスレット
遊び	ヨーヨー釣り・1円玉落とし・ボウリング・射的・パチンコゲーム・ハンバーガー積み・迷路・ポッチャ
食事	クレープ・フルーツポンチ・飲み物・カレー・から揚げ・ポテト・フランクフルト・焼き芋&喫茶店・ラーメン・チュロス・子どもレストラン・レモネード
イベント	音楽演奏・〇×クイズ・ビンゴ大会・じゃんけん大会・宝くじ・自衛隊・消防車・白バイ・パトカー・病院・ ビューティーサロン・模擬裁判・市議会・茶道教室・声優体験

仕事の内容は、変更される可能性があります。最新情報は、ホームページ（http://minitama.jp/）をご覧ください。

エコバザーを開催します

ご家庭で使わなくなった子ども用品（まだまだ使えるので誰かに使ってほしい物）をご提供ください。
市民登録時にユリーと交換いたします。例）絵本・服（120cm 以上）・おもちゃ など
★交換は1点1ユリーで最大3点300ユリーまでとさせていただきます。
★集めさせていただいたお品物は、両日ともに15時30分より「エコバザー」会場にてユリーで購入できます。
★破損・汚れ等により、使用不可能な品物、使いかけの文房具などは、受け取りをお断りする事があります。

プレミニたまゆり in 新百合ヶ丘を開催します

2019年1月26日（土）13：00～16:00 ミニたまゆりのプレイベントとして3種類のモノづくりの店と、4種類の遊びの店が出展するイベントが開催されます。会場は、街づくりの担い手が育ち、活動が連携しあう場所として新百合ヶ丘駅南口徒歩2分の場所に開設された、「しんゆり交流空間 リリオス」事前予約（先着 200 名）が必要です。申し込みはミニたまゆりホームページからお願いいたします。

会場：しんゆり交流空間リリオス

川崎市麻生区万福寺 2-1 新百合ヶ丘ハウジングギャラリー内
詳細は、http://www.lirios.jp をご覧ください。

特別企画

本物そっくりの
食品サンプルを作ろう！

仕事内容

・レストランのショーウインドウでおなじみの食品サンプルを作製します。
・かわさきマイスターに認定された職人さんによる指導！

協力：川崎市・田中司好氏（かわさきマイスター）

フレンチのシェフによる本格指導
子どもレストラン！

仕事内容

・フレンチのシェフによる、料理教室
・昨年は、トロトロオムライスとイチゴパフェを作りました。
・お父さん・お母さんに食べてもらいましょう！

協力：カルペディエム

プロ声優木下鈴奈さんの
指導による声優体験！

仕事内容

・アニメーションに合わせてセリフを録音します。
・出来上がったアニメーションは、食堂で放映します。
・プロ声優による本格的な指導が体験できます。

協力：木下鈴奈（プロ声優）

アナウンサーになって
テレビに出演（テレビ局）

仕事内容

・町を取材してニュース原稿を作成します。
・アナウンサーになって、ニュースを読み上げます。
・カメラマンになって、番組を撮影します。

協力：株式会社ジェイコムイースト　町田・川崎局
　　　神野文子（フリーアナウンサー）

※特別企画は事前申込制となっています。１月中に開設予定のミニたまゆりホームページ特別企画ページのエントリフォームから申込みができます。定員を超える申込みがあった場合は抽選となります。抽選結果ついては、2019年２月上旬にミニたまゆりホームページにて発表します。
※企画の内容が講師の事情によって変更になる可能性があります。
※上記以外にも、親子茶道教室（協力：裏千家 准教授 抜山宗邦）、手作りおもちゃ（協力：昼川捷太郎　家具技能士）などの特別企画を行う予定です。詳細は１月中に開設予定の特別企画ページをご覧ください。

ミニたまゆりへの申し込み方法

パソコン、又はスマートフォンから、申込フォーム（http://minitama.jp/yoyaku/）にアクセスし、
申込フォームに必要事項の入力後、送信ボタンを押しますと申込完了（自動返信メール有）となります。

※　申込期間は、２０１９年１月７日（月）～２月１日（金）午後５時とさせていただきます。
※　定員を満たしましたら申込フォームを閉じさせていただきます。以降、申込みはできません。
※　ミニたまゆり当日の申込みはできません。余裕をもって申込フォームからお申込みください。
※　申込みの変更、取消しをしたい場合は、その旨をメール・お電話にてご連絡ください。
※　複数人数をお申込みする場合は、お一人ずつお申し込みください。
※　「インターネット環境がない」などの理由により、上記のお申込みができない場合は、
　　裏面の問合せ先にご連絡ください。
※　本学敷地内に十分な駐車スペースをご用意できません。来校の際は公共交通機関をご利用ください。

QR コードからもアクセスできます↓

開催日時（雨天開催）

2019年2月10日(日)・11日(月・祝) 午前10時〜午後4時

★申込期間：２０１９年１月７日（月）〜２月１日（金）午後５時まで

対象年齢　５歳〜１５歳　（小学生未満のお子様は保護者の付き添いが必要となります。）

募集定員　各日６００名　（定員を満たしましたら、申込フォームを閉じさせていただきます。）

参加費用　１日５００円　（両日ともに市民登録所でお支払いいただきます。）
★両日ともに受付時に500ユリー（町のお金）を差し上げます。
★保護者の方も参加費（500円）で、町の生活を体験する事ができます。

開催場所　田園調布学園大学
〒215-8542　神奈川県川崎市麻生区東百合丘３－４－１

お問い合わせ先　田園調布学園大学 地域交流センター
ＴＥＬ：044－966－2780
携帯電話：080－3214－8131
E-MAIL：c-center@dcu.ac.jp
ホームページ：http://minitama.jp
※担当者不在でお電話に出られない場合がございます。

主　催　田園調布学園大学〔ミニたまゆり実行委員会〕

指導者　番匠　一雅〔子ども未来学部准教授〕

イベント概要　子どもたちが力を合わせて小さな“まち”を作り、運営するイベントです。子どもたちは“まち”で仕事をおこない、ユリー（町のお金）を稼いで、楽しく遊びながら“まち”（社会）の仕組みを学ぶことができます。

ツイッター　アカウント　@minitamayuri
ハッシュタグ　＃ミニたまゆり

保護者の方へ

1. 本イベントで収集した個人情報は、本イベントに関連する業務のみに利用し、その他の活動には利用いたしません。
2. 本イベントでは、広報および資料作成・研究活動のために撮影をさせて頂きます。撮影した写真・映像は、本学のホームページ、パンフレット・書籍などへの掲載、ニュース番組などのテレビ報道に活用させていただきます。写真・映像の掲載や公開について何らかの問題がある方は事前・事後にかかわらず044－966－2780（地域交流センター）までご相談ください。
3. 参加されるお子さまには、緊急時の連絡先として保護者様の携帯電話番号などを持たせて下さい。
4. 昨年のミニたまゆりでユリーを貯金された方は、ミニたまゆり貯金通帳をお持ちください。通帳を紛失した場合は引き出しができません。
5. 大雪・災害などで本イベントが中止になる際には、当日早朝６時までにホームページ等でお知らせいたします。

協力団体一覧（予定）

川崎市　J:COM　TimberTech　ゆうちょ銀行

麻生区役所、麻生警察署、麻生消防署・麻生消防団、麻生郵便局、麻生区社会福祉協議会、麻生総合高等学校、麻生養護学校、川崎市西税務署、川崎市橘リサイクルコミュニティセンター、一般財団法人 川崎新都心街づくり財団、自衛隊神奈川地方協力本部、社会福祉法人はぐるまの会、社会福祉法人一廣会 金井原苑、社会福祉法人緑成会、社会福祉法人子どもの国協会、新百合ヶ丘総合病院、原田管理商会、カルベディエム、ヨネッティー王禅寺、HIBIKIPIANO、NPO法人ソシアキュアアンドサポート、セントケア神奈川株式会社、株式会社かいがや、株式会社アイ・ディ・エス、太平屋、カンガルー、合同会社オフィスSKカンパニー

ミニたまゆりは、田園調布学園大学と川崎市教育委員会との連携事業です。

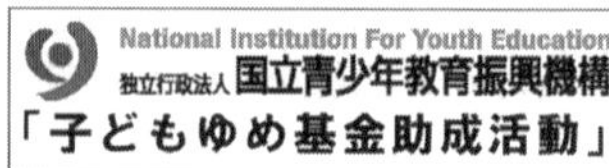

National Institution For Youth Education
独立行政法人 国立青少年教育振興機構
「子どもゆめ基金助成活動」

ミニヨコハマシティ2023　大人スタッフ・マニュアル

ミニヨコハマシティ（以下ミニヨコ）は、19歳以下の子どもたちが創るまち、大人口出し禁止のまちです。どうぞ下記の主旨をご理解の上ご参加ください。

なによりも事故のないようにあせらず、ていねいにやっていきたいと思います。

大人の皆さまにも、ぜひ子どもたちの生き生きとしたようすを感じて、楽しんでいただきたいと思います。

ミニヨコハマシティ・大人スタッフの心構え

ミニヨコは、まちの完成形をもとめるイベントではありません。

「まち・しごと・あそびを他の仲間とともに体験する」ことがもっとも重要です。

そのプロセスを永遠に楽しむ、ゴールのないプログラムです。

子どもも大人も「ミニヨコをまたやろうね、また会おうね」と、終わった時に言えるように、私たちスタッフも心を配っていきたいと思います。


このまちでは大人口出し禁止です。が、もちろん会話、アドバイスはOKです。

子ども同士、子どもと大人などの間で、いろんな事件や混乱が予想されます。

私たちは基本的に下記のように考え、対応していきます。

■子どもの自主性に任せます。
■子どもに相談されたら、まず「できない」と決めつけないで、一緒に考えてあげます。
■アドバイスを強要しないようにしてください。
■子どもの能力を信じます。
■トラブルが起きても、怪我をしない限り止めないで、でも注意深く見守ります。

こどもたちには以下のようにいっています。
1．困ったことがあったらまず自分で考えること。
2．自分で考えてもわからなかったら、友達に相談して一緒に考えてもらいましょう。
3．それでもわからない場合は大人スタッフに相談してね。

子どもたちからの質問について

子どもたちからの質問や問い合わせについては、極力その場で判断して答えてください。子どもより長く生きてきた大人として、わかる範囲で答えてあげてください。

違っちゃったら「ごめんね」でいいのです。子どもたちは必ずしも、正解や完璧な答えを求めていません。一生けんめい一緒に考えてくれる大人が子どもたちには必要です。いちいち受付（本部）に聞かないようにフォローしてあげてください。

こんなときには……

★あぶないことをしているとき→はっきりと注意してください。

★こども運営スタッフが事情があり、帰るとき→「受付」に声をかけてから帰ってもらう。

★具合の悪い子どもがいるとき、怪我をしたとき
→簡単な擦り傷の場合は、まず「受付」にいらしてください。その後はそこから本部へ連絡します。

★保護者・他の大人からの質問で対応に困ったとき
→入り口の「受付本部」や「はてな防止をかぶった動くインフォ」をたずねるように促してください。当日は「受付」の他、はてな帽子をかぶったNPOスタッフが３名会場を回遊しています。
保護者の方からこどもを探したいと言われたら、受付で臨時の手続きをしてもらいます。

★お店の物資などが足りなくなったとき→NPOスタッフに相談してください。

★資材がなくなったとき
→基本的にお店は閉店となります。まずはNPOスタッフに相談してください。
基本的に「相談のない」お店の値引きは原則認めません。NPOスタッフに相談してからOKが出たら値引き可能です。（こどもたちはすぐに値引きするのが好きなので、あっという間に物資がなくなる恐れがあります）

★消毒用アルコールも用意しています。トイレに行ってもどったら消毒用アルコールを使って下さい。

★道具や文房具などはすべてホームセンターにあります。はさみなどは随時返却するように促してください。

★こどもの記録写真などを撮りたいとき
→基本撮影は禁止します。記録写真が必要な場合には、事前にお断りお願いします。こちらで撮った写真を共有することもできます。

当日の詳細

☆お昼と休憩場所

・スタッフにはお弁当を用意しています。12時から12時半の休憩時間に各自の場所でお取りください。
・大人スタッフの休憩場所はカフェの奥に用意します。ジャグの麦茶はご自由にお飲みください。

参加者への対応

☆大人の入場制限
大人ツアー券を持っている大人のみ時間制限で入場可。

ただし、保護者が緊急の用事がある場合には「緊急パス」を渡して臨時で入ってもらえます。☆お金（ミニヨン）についての知識税金
・銀行で税金徴収（15ミニヨン）→入口のボックスに入れてもらう。
・入場時の手持ちは15ミニヨンになる。
・アルバイトは基本20分／50ミニヨン。ジョブセンターで好きな仕事を選び、20分働いたら銀行に行き、給料をもらう。なんどでも仕事できる。ミニヨンは持ち帰らず、貯金してもらう。
・通帳をもってきたらお金を引き出せる
・困ったことがあれば、はてな帽子をかぶったNPOスタッフに相談してください。でも相談する前に個々の判断でわかることは、判断していただいてけっこうです。

８月５日大人８時半集合MT：こども９時集合、９時半受付開始、10時からまちがはじまります。終了は16時、その後帰りの会を15分程度行います。大人の解散は17時です。


８月６日大人８時半集合MT：こども９時集合、９時半受付開始、10時からまちがはじまります。終了は16時、その後片付けをし、帰りの会を行うのでこどもは17時に解散。

大人は18時ですが、片付け次第で少し伸びる可能性があります。お時間がNGな方はお帰りください。

★ミニヨコの会場の中は携帯が通じにくいです。
すみませんが、Wi-Fiは使えません。入り口近くまで行けば携帯は通じます。

日本の「こどものまち」関連のヒストリー

1997年　日本で最初のこどものまち「ミニ香北町（高知）」
2002年　現在最も歴史のあるこどものまち「ミニさくら（千葉）」
2002年　仙台「こどものまち（宮城）」
2003年　「ミニいちかわ（千葉）」「ピンポン横町（愛知）」
2004年　「こども四日市（三重）」
2005年　「ミニたまゆり（神奈川）」「キッズハッピーよこ町（東京）」
2006年　「だがねランド（愛知）」
　　　　「ミニ札幌（北海道）」「チャキッズタウン（京都）」
2007年　「ピノキオマルシェ（千葉）」「むさしのミニタウン（東京）」
　　　　「ミニたちかわ（東京）」「ミニヨコハマシティ（神奈川）」
　　　　「なごみん横町（愛知）」「キッズタウンなかむら（愛知）」
　　　　「ミニ大阪（大阪）」「ミニたからづか（兵庫）」
2007年　第１回こどもがつくるまち主催者サミット@千葉
…………ここから記入ができないほど、日本のこどものまちは増えていきました！…………
2008年　「ミニそうか（埼玉）」「ミニ★大阪（大阪）」
　　　　「こどものまち高砂（兵庫）」
　　　　「とさっ子タウン（高知）」
2008年　第２回こどものまち全国主催者会議in仙台
2008年　ドイツベルリンで「第一回こどものまち世界会議」
2009年　こどものまちEXPOinYokohama　の中で
　　　　第３回こどものまち全国主催者会議in横浜
　　　　第２回こどものまち世界会議in横浜を同時開催
2010年　著書『こどもがまちをつくる』が出版される。
2010年　「なごやこどもCity（名古屋市主催）」３週間開催
　　　　全国こどものまちサミットin名古屋
2011年　全国こどものまちサミットin京都
2012年　全国こどものまちサミットin市川（千葉）
2013年　静岡市に「ま･あ･る」が開館。常設のこどものまち「こどもバザール」が始まった。
　　　　子どもがつくるまち全国サミットinさいたま
2015年　全国こどものまちサミットin高知
2015年　全国こどものまちサミットin静岡
2016年　全国こどものまちサミットin相模原
2017年　U19こどものまち全国サミットin横浜（はじめて高校生主導）
2018年　全国こどものまちサミットin東海（岡崎で開催）
2019年　U19こどものまち全国サミットin高砂
　　　　その後コロナの影響で中止が相次いだ。
2022年　６月　こどものまち全国VRサミット　VR上で開催
2023年　３月　U19サミットin千葉
2024年　４月　第１回世界子ども地域合衆国サミットin羽田

日本版「こどものまち」の主催組織とその特徴（2010版）

『こどもがまちをつくる』（2010年、萌文社） p 265〜266から引用

名称	所在地	空間の分類	会場の空間	開始年	開催日数
ミニミュンヘン	ミュンヘン市	A	室内自転車競技場＋公園	1979	21
仙台こどものまち	仙台市	A	民間幼稚園の園舎＋園庭	2002	1
ミニさくら	佐倉市	A	商店街の路上＋公園	2002	4
ミニいちかわ	市川市	C	公園、緑地、広場	2003	２日・２会場
ピンポン横丁	名古屋市	B	民間の建物（住宅）	2003	３または４
こども四日市	四日市市	A	商店街の路上＋公園	2004	2
キッズハッピーよこ町	台東区	B	児童館	2005	2
ミニたまゆり	川崎市	C	大学の校舎＋グランド	2005	2
ミニさっぽろ	札幌市	B	大規模な建物（産業展示場）	2006	2
たがねランド	名古屋市	B	公共の建物（催事施設）	2006	30
チャキッズタウン	京都市	A	小学校の校庭＋体育館など	2006	２または３
ピノキオマルシェ	柏市	A	地域デザインセンター	2007	2
むさしのミニタウン	武蔵野市	A	小学校の建物＋校庭	2007	2
ミニたちかわ	立川市	B	廃校小学校の教室	2007	3
ミニヨコハマシティ	横浜市	A	住宅展示場の場内＋施設	2007	3
なごみん横丁	岡崎市	B	公民館	2007	5
キッズタウンなかむら	名古屋市	A	児童館	2007	2
ミニ大阪	大阪市	B	青少年会館	2007	2
ミニたからづか	宝塚市	A	大型児童館	2007	2
ミニそうか	草加市	B	公共のコミュニティ施設	2008	4
ミニ★大阪	堺市	B	公共の建物（催事施設）	2008	2
こどものまち高砂	高砂市	A	商店街の路上＋空き店舗など	2008	1
とさっ子タウン	高知市	B	自転車競技場	2009	2

A　室内空間と質疑空間の組み合わせ
B　室内空間
C　室外空間

◎準備からこどもが参加
○部分的に事前からこどもが参加
★準備は大人

参加者数	遊び・創造性	参画・主体性	自治の体験	コミュニケーション	教育・仕事	こどもが関わる度合い	NPO	学校	行政	その他
2500／日	◆	○	○		○	○	○		協	
150／日	◆	○				★	○			
500／日		◆		○		◎	○			
のべ4800	○	◆				◎	○			
30～80	○	◆	○	○		◎	○			
600／日	◆					◎	協			★
200／日	◆	○		◆		○	協			○
のべ2056					◆	○		○		
のべ3440	○	○	◆	○		○				
のべ2000	○	◆	○	◆		○				
のべ300	◆	○	○	○	○	◎				○
200／日		○	○	◆		○	協			○
500／日	○	◆	○	◆	○	◎	○	協	協	協
のべ218	◆	◆		○	○	◎	○			
のべ3000	○	○	◆			◎	○		協	
のべ888		○	◆			◎	○			
200／日	◆	○		○		◎	協			○
のべ100		○		○	◆	○			協	協
のべ1120		○		◆		◎			協	○
のべ1100	◆	○		○		○	協		協	★
のべ130	◆	◆	○	◆		◎	○			★
400／日	○	◆	○	○		◎	協		協	★
のべ300			○	◆	○	★	協		協	★

◆当初から大切にしている事
○その後、特に大切にしてきたこと

★実行委員会式による主催

日本版「こどものまち」の主催組織とその特徴（2020版）

前川財団の助成による全国「こどものまち」調査から引用

名称	所在地	空間の分類	会場の空間	開始年
ミニさくら	佐倉市	A	商店街の路上＋公園	2002
ミニいちかわ	市川市	A	行徳駅前公園	2003
ミニい☆ちかわ	市川市	A	昭和学院短期大学	2003
キッズビジネスタウンいちかわ	千葉県市川市	A	千葉商科大学　構内	2003
子どもの町	岐阜県羽島市	B	江吉良コミュニティーセンター	2003
こども四日市	四日市市	A	商店街の路上＋公園	2004
ミニたまゆり	川崎市	B	大学の校舎	2005
にじの子タウン	静岡県伊豆の国市	A	野外活動センター（旧大仁東小学校）	2006
TeensTownむさしの	武蔵野市	A	ごみ処理施設内	2007
ミニヨコハマシティ	横浜市	A	区役所	2007
なごみん横丁	岡崎市	C	地域交流センター	2007
ミニまつぶし	埼玉県北葛飾郡松伏町	A	松伏町Ｂ＆Ｇ海洋センター	2007
キッズビジネスタウンすわ	長野県諏訪市	B	長野県諏訪実業高等学校	2008
とさっ子タウン	高知市	B	複合文化施設	2009
ぷちひらつか	神奈川県平塚市	A	神奈川県立平塚商業高等学校	2009
子どもがつくる子どものまち　ならしのこまち	千葉県習志野市	C	谷津奏の杜公園	2009
千葉市こどものまちCBT	千葉県千葉市中央区	B	きぼーる、千葉市こども交流館	2009
ミニさがみはら　エンジョイスマイルさがみ	神奈川県相模原市緑区	B	男女共同参画推進センター　ソレイユさがみ	2010
なごや☆子どもCity	愛知県名古屋市	B	名古屋市国際センター	2010
キッズビジネスタウンあいち	愛知県名古屋市中川区	A	愛知県立中川商業高等学校	2010
はこだてキッズタウン	北海道函館市	A	函館市勤労者総合福祉センター	2010
ミニあさか	埼玉県朝霞市	A	朝霞市立総合体育館	2011
ミニこがねい	東京都小金井市	B	小金井市貫井北分館公民館または他の市公民館	2011
こどものまち「ミニかぬま」	栃木県鹿沼市	A	鹿沼商工会議所アザレアホール	2011
あさひかわキッズタウン	北海道旭川市	A	道北地域旭川地場産業振興センター	2011
ミニふくおか	福岡県福岡市	B	福岡市総合体育館	2012
ミニかさ横丁	岐阜県羽島郡笠松町	B	笠松中央公民館	2012

A　室内空間と質疑空間の組み合わせ
B　室内空間
C　室外空間

重要性
高い5←→1低い

★実行委員会式による主催

開催日数	参加者数	遊び・創造性	参画・主体性	自治の体験	コミュニケーション	教育・仕事	子どもが関わる度合い	NPO	学校	行政	その他
3	300／日	4	5	2	3	1	14	○		協	協
2	1000／日	5	4	2	3	1	15	○	協	協	協
2	500／日	5	4	2	3	1	15	○	協	協	協
2	1300	2	4	1	3	5	0	協	○	協	協
17	1000	4	5	3	2	1	9				★
2	1000／日	5	4	3	2	1	17	協		協	★
2	600／日	3	4	1	2	5	8	協	○	協	協
2	1000	5	4	3	2	1	11	○			
1	100／日	2	5	1	3	4	7			協	○
2	500／日	3	5	4	2	1	15	○	協	協	協
4	470／日	2	4	5	1	3	0	○	協	協	協
2	1400	1	4	5	3	2	0		協	協	★
2	200	5	3	1	2	4	11		○	協	協
2	のべ3975	3	5	1	2	4	2	協	協	協	★
1	350	4	5	1	3	2	9		○		協
10	1000	5	4	2	3	1	8	○	協		
3	1000	3	5	4	2	1	16	○	協	協	協
1	300	3	4	2	1	5	12	協			○
2	1200	3	5	1	4	2	9	○		○	
1	150	2	3	1	4	5	0		○		協
1	500	1	4	2	3	5	0		協	○	協
1	700	4	5	1	3	2	7	○	協	協	協
2	600	4	5	1	3	2	15	○	協		
3	1200	5	4	1	3	2	15	○	協	協	協
1	550	3	5	1	2	4	0		協	○	協
3	2100	3	5	1	2	4	12		協	協	★
2	700	4	5	3	2	1	11	協		協	★

全17種類の活動のうち
子どもが関わっている数

名称	所在地	空間の分類	会場の空間	開始年
こどもクリエイティブタウンま・あ・る	静岡県静岡市清水区	B	静岡市こどもクリエイティブタウンま・あ・る	2012
子どものまち・いしのまき	宮城県石巻市	A	石巻市中央のまちなか	2012
くしろキッズタウン	北海道釧路市	B	国際交流センター	2012
留萌高校キッズビジネスタウン（20xx）	北海道留萌市	A	北海道留萌高等学校	2012
おびひろキッズタウン	北海道帯広市	A	とかちプラザ	2012
ミニあやせ	神奈川県綾瀬市	B	綾瀬市オーエンス文化会館、中央公民館	2013
とまこまいキッズタウン	北海道苫小牧市	A	苫小牧駒澤大学	2013
成田市こどものまち　キッズタウンNARITA	千葉県成田市	B	成田市公津の杜コミュニティセンター	2014
ミニちた横丁	愛知県知多市	B	知多市青少年会館	2014
ぷちおおいそ	神奈川県大磯町	A	大磯プリンスホテル　プールセンター	2015
わかばCBTこどものまち	千葉県千葉市若葉区	A	東京情報大学	2015
ティンカリングタウン	東京都豊島区	A	ターナーギャラリー、原っぱ公園	2015
鹿屋女子高校キッズビジネスタウン	鹿児島県鹿屋市	A	鹿屋市立鹿屋女子高等学校	2015
キッズビジネスタウンいしかわ産業教育フェア	石川県金沢市	B	石川県産業展示館	2015
しごとーーい	秋田県由利本荘市	B	体育館	2015
こどものまちミニひろさき	青森県弘前市	B	弘前大学大学会館	2015
ゆめゆめシティ	横浜市青葉区	A	こどもの国	2016
よしかわ☆キッズタウン	埼玉県吉川市	A	吉川市民交流センターおあしす	2016
どきどきキッズシティミニとちぎ	栃木県栃木市	A	蔵の街山車会館前広場	2016
ニコニコ北っ子「北区こどものまち」	京都府京都市北区	B	大谷大学　4－5号館	2016
ぎふマーブルタウン	岐阜県岐阜市	B	ドリームシアター岐阜、旧徹明小学校	2016
はちのへ　こどものまち	青森県八戸市	B	回答なし	2016
こどもタウン葉山	神奈川県三浦郡葉山町	B	一色小学校体育館	2017
エコキッズタウン　エコット	愛知県豊田市	B	渡刈クリーンセンター内エコット	2017
こどものまちミニカワサキ	神奈川県川崎市	A	川崎市国際交流センター	2018
Mini Mini Midori	神奈川県横浜市緑区	B	中川地区センター	2019
未来ミエルまち	神奈川県横浜市港北区	A	街カフェ大倉山ミエル・菊名みんなのひろば	2019

A　室内空間と質疑空間の組み合わせ
B　室内空間
C　室外空間

重要性
高い５←→１低い

★実行委員会式による主催

開催日数	参加者数	遊び・創造性	参画・主体性	自治の体験	コミュニケーション	教育・仕事	子どもが関わる度合い	NPO	学校	行政	その他
155	46500	5	4	1	3	2	16	協	協	○	協
2	1250	3	5	1	4	2	9	協			★
1	350	2	4	1	3	5	0		協	協	○
2	300	1	5	4	3	2	5		○		
8	400	1	1	1	4	5	0		協	○	協
2	1100	4	5	2	1	3	14		協	協	★
1	550	3	2	1	4	5	2		協	○	協
1	700	2	5	4	3	1	15			協	○
2	270	3	5	1	4	1	13			協	★
1	400	1	3	5	2	4	9	協			★
1	350	4	5	1	3	2	15		協	協	★
10	900	4	5	1	3	2	1	○		協	
1	800	1	5	3	4	2	0		○	協	
1	100	2	3	1	4	5	1		○	協	
1	200	4	1	3	2	5	0			協	★
2	600	5	4	3	2	1	12	協	協	協	★
1	700	5	2	1	3	4	0				○
1	1000	5	2	3	4	1	9	○		協	協
2	1100	5	4	3	1	2	12	協	協	協	★
2	300	4	5	3	2	1	11		協	協	★
8	5000	3	4	2	1	5	0	○		協	
2	600	5	4	2	3	1	14	○			協
1	300	3	5	1	4	2	15	協	協	協	○商店会
3	1000	1	2	4	3	5	8	○			○
2	300	4	5	3	1	2	14			協	○
2	600	3	5	4	2	1	10	協		○	
4	120	4	5	2	3	1	15	○			協

全17種類の活動のうち
子どもが関わっている数

ドイツ版「こどものまち」の主催組織とその特徴（2021版）

前川財団の助成による全国「こどものまち」調査から引用

地域	初開催年	日数 1日の人数	参加年齢	予算	予算の割合	入場料の金額
ミュンヘン	1979	15日間 最大2000名	7～15歳		大半が公的補助	無料
デュッセルドルフ	1989	15日間 350名	8～14歳	€1,500,000 約2000万円	参加費30％、町の助成金60％、自己資本10％	15日間で105 € （昼食込み）
エスリンゲン	1992	14日間 120～200名	6～12歳	€350,000 約450万円	寄付10％、残りは参加費と組織からの補助	14日間で子ども一人当たり100 €（食事つき）
ロイトリンゲン、 バーデンヴュルテンベルク	1999	30日間 約140名	7～11歳	€100,000 約1300万円	行政補助と参加者負担	子ども一人につき 90から175 €
ハンブルク	2002	4日間 200名	7～12歳	€500,000 約650万円	公的支援30％　参加費25％ 自己資金45％	50 €
ハレ（ザーレ）	2002	30日間 600名	7～14歳	€230,000 約300万円	参加費25％　寄付17％ 自己資金58％	
ザルツブルク／ オーストリア	2003	14日間 1300名	7～14歳	€3,000,000 約4000万円	参加費15％　行政補助50％ 企業寄付35％	一回目の参加は€9、 二回目からは€3
アウグスブルク	2003	12～18日間 60～120名	6～13歳		自己資金・公的補助	2€／日5€／週
ゲルリッツ	2004	8日間 約200名	7～14歳	€800,000 約1050万円		一日当たり10 €
ライン川ワークス	2004	15日（3週間） 220名	6～12歳			週70から90 €
ポツダム	2006	10日間 150名	8～12歳	€250,000 約330万円	公的資金75％　寄付15％ 参加費10％	
シュトゥットガルト	2007	18日間 1500名	6～13歳	€2,500,000 約3300万円	参加費€1,800,000 賛助者負担€700,000	120 €
キール	2011	7日間 約60名	8～14歳	数千€	寄付金、キール市の補助、参加費40 €	子ども一人につき40 €、大人はヘルパーとして参加するため無料

＊2021年のレートで計算

調査内容

事前調査によって判明したドイツにある49の「こどものまち」主催団体に日本版「こどものまち」アンケートと同様の項目についてWebアンケートを依頼。13の団体から回答を得た。

各主催団体の目的についての特徴

ドイツ版「こどものまち」では、大切にしているキーワードとして「主体性」、「参画」、「自己決定」、「民主主義の学び」などが多くあげられている。

日本では、多くの主催団体が、大人の入場を禁止しており、"大人と子どもの分離"が、1つのテーマになっている。ドイツでは、9割の団体が大人の入場を可能にしており、日本に比べ、"大人と子どもの分離"に関して、関心が低い事がうかがえる。

子ども会議・選挙の有無について

子ども会議の開催について、ドイツでは3割の団体が実施しており、日本に比べ低い数値となって

大切にしているキーワード	大人の参加	子ども会議	選挙	子ども市長の仕事
遊び、仕事、子どものための公共空間、自己の強化、協議して取り決めを行うプロセス	ツアー有り	有り	有り	税金の使い道の決定のほか、プロジェクト／選挙公約の実現、市民集会および選挙の準備、代表としての仕事
関与、参画、ともに遊ぶ、民主主義を学ぶ、経験、開かれた構造的な学びの場、自己決定、自己形成、自発性、学際的、専門知識の獲得	ツアー有り	無し	有り	チームによる法律の策定、市場、お祭り、集会の計画、司会など、税金の管理と投入、市議会を開催する、市民声を聞き、文化振興を行う
自立心を養う、自由な遊び、創造性、新しい経験を積む、友達を見つける、職業を体験する、町が機能するしくみを体験する、楽しみ、チームワーク、協力	ツアー有り	無し	有り	町のルール作り
関与、参画、創造性、コミュニケーション、職業体験、自主的な行動、学び合い、芸術・文化	ツアー有り	無し	有り	町を代表する、町の祭りの際に公的な義務を負う、市民の集い、結婚式、評議会を準備する、行政はサービスのスムーズな進行に配慮する、催しものを実施できる
自己決定、参画、市民参加、都市システムの遊び心のある学習、計画と組織、創造性、コミュニケーション	ツアー有り	無し	有り	タウンミーティングの議長を務め、共存のルールについて助言し、市民の願いを実行し、イベントを開始します。
参画、自律、民主主義を学ぶ、専門的な経験、ビジネスゲーム、創造性、役割分担、異質性	ツアー有り	有り	有り	参加する子供たちの代表機能、世論調査、世論調査からのトピックの重み付け、市の会議のリーダーシップ
関与、民主主義、子ども・青少年文化、環境イベント	ツアー有り	有り	有り	税金にかかわる決定（金額、使い道）、失業手当、追加のスポーツ・文化的催しの提供
参画、コミュニティの構築、都市の仕組み、子どもの権利、自信、議論の文化	不可	無し	有り	投票プロセスを伴う毎日の子供たちの管理。市民集会、記者会見、および政治家への訪問
青少年の出会い、ドイツ・ポーランド間の交流、遊び、やってみる、興味	ツアー有り	無し	有り	町のルール作り
社会的学習、民主主義を学ぶ、自己決定、創造性、個人的責任、楽しさとゲーム、ノンフォーマル教育	ツアー有り	無し	有り	本物の市長の訪問、市の集会の組織化と司会。
構築、遊び、開放性、自己決定、民主主義、参画、プロセス	ツアー有り	無し	有り	町のルール作り
自立性を学ぶ、政治を理解する、社会参画、連帯意識、関与	ツアー有り	無し	有り	私たちの市長は、市民の要望を聞き出し、市町村議会を運営します。
民主主義を学ぶ、創造性の促進、新たな専門知識の習得、友情の形成	ツアー有り	有り	有り	町のルール作り

いる。ドイツの「こどものまち」は、開催期間が１～４週間と長く、開催期間中に、子どもたちだけで町づくりを行う十分な時間が確保されるためだと考えられる。

ドイツでは全ての地域で、選挙が行われ、子どもの代表が選出されている。子ども市長の業務として、「市民の要望を聞き出し、市町村議会を運営する」「法律の策定」、「お祭り、結婚式、市民の集い集会など公的なイベントの企画運営」「税金の金額、使いみちの決定」「選挙公約の実現」「市民集会・選挙の準備」などがあげられていた。

運営資金についての特徴

ドイツ版「こどものまち」は開催期間が１～４週間と長く、予算規模も数百万～4000万円であり専属の職員も存在することも多い。運営資金は、公的補助の比率が高く、これは、ドイツでは、子どもたちの夏休みの居場所を行政が確保しなければならないという条例があり、「こどものまち」が、子どもたちの居場所としての役割を担っているからだと考えられる。

調査内容

「こどものまち」データーベース（https://oda～laboratory.com/database/）に掲載されている「こどものまち」主催団体のうち連絡先が判明した約150の主催者に下記の項目についてWebアンケートを依頼。54の団体から回答を得た。

1．こどものまちの名前
2．開催地域（例：〇県〇市〇区〇町）
3．開催場所名（例：〇〇公園、〇〇センター等）
4．空間の分類（室内室外組み合わせ・室内・室外）
5．開催年度
6．参加延べ人数（例：1日100人×3日）
7．企画している主体組織（例：学校・NPO団体）
8．協力してくれている組織
9．大切にしているキーワード（「遊び・創造性」、「参画・主体性」、「自治の体験」、「コミュニケーション」、「教育・仕事」各項目への順序付け）
10．選挙の有無
11．運営を担うこども市民の役割
下記の17項目の内、当てはまるものすべてにチェック・チェックの数によって、子どもの関りの度合いを測定。
・子ども会議の準備
・子ども会議での司会進行
・チラシづくり
・広報活動
・まちのルール作り
・仕事内容を考える
・公共事業を考える
・給与や税率の決定
・商品の販売価格の決定
・まちの配置を考える
・イベント本番の事前準備
・イベント本番に必要な買い物
・イベント本番の受付作業
・仕事内容を当日来た子どもに伝える
・集めた税金の使い道を考える
・本番終了後の片付け
・報告会での発表
12．入場料
13．活動資金の比率（参加費、助成金、寄付、協賛金、その他）
14．大人入場の可否（可、不可、ツアーなど特別な配慮で入場あり）
15．こどものまちに関連して、大人向きのプログラム、家庭へのアプローチを実施していますか？（例：大人ツアー、大人向け講座、保護者向け説明会等）
16．こどものまちの卒業生が大人になっても参加している例はありますか？　その場合、コアの運営スタッフになっている、当日ボランティア参加がある、など具体的に教えてください。

各主催団体の目的についての特徴

書籍『こどもがまちをつくる』で示された５つの分類（「遊び・創造性」、「参画・主体性」、「自治の体験」、「コミュニケーション」、「教育・仕事」）のうち、**「参画・主体性」**を、１番または２番目に選んだ主催団体の数は45となり、全体の約88％であった。

「遊び・創造性」に関しては、１番または２番目の目的と位置付けている運営団体の数は26となり、全体の約50％であった。

また、「こどものまち」の活動に子どもが関わる度合いが高い団体やNPO・実行委員形式では、**「参画・主体性」**が占める割合が上昇し、子どもの関わる度合いが低い団体や、教育機関では、**「教育・仕事」**が占める割合が上昇する傾向がみられた。

参加費・運営資金についての特徴

54の主催団体のうち、参加費無料の団体は23であった。有料の場合１日あたり500円が最も多く12団体、100～400円が12団体、600～1000円の団体が７団体であった。参加費無料の団体は、市の委託事業や、運営主体が学校・青年会議所・企業など運営団体の予算で実施さることが多く、有料の団体は、NPOや地域住民の有志で集まった団体が参加費と助成金を組み合わせて運営していること多かった。

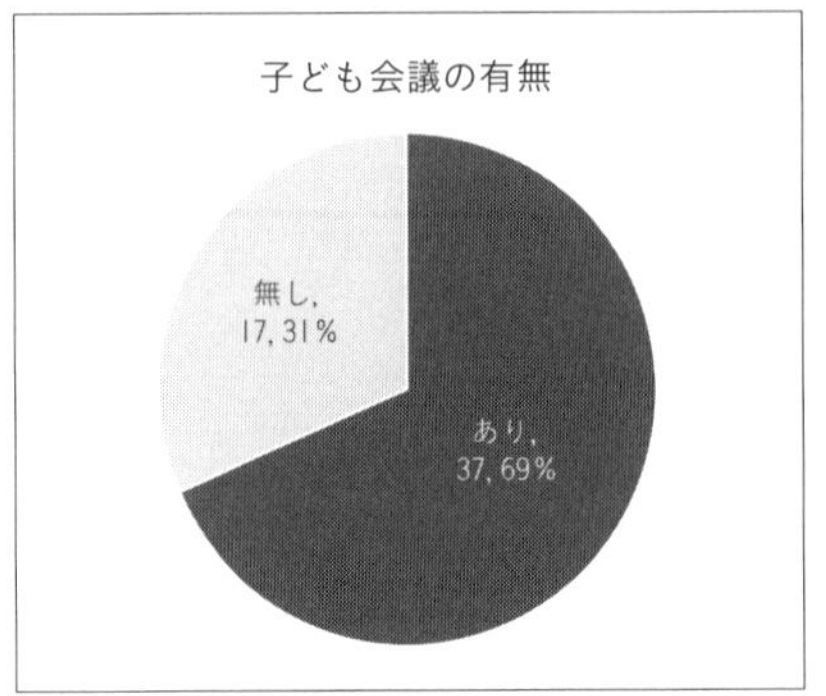

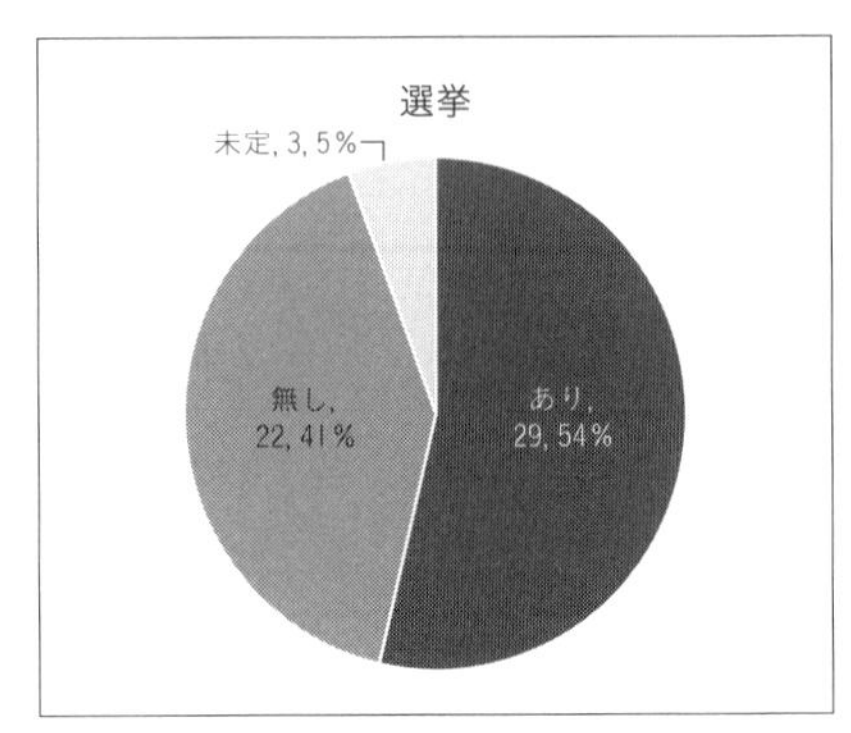

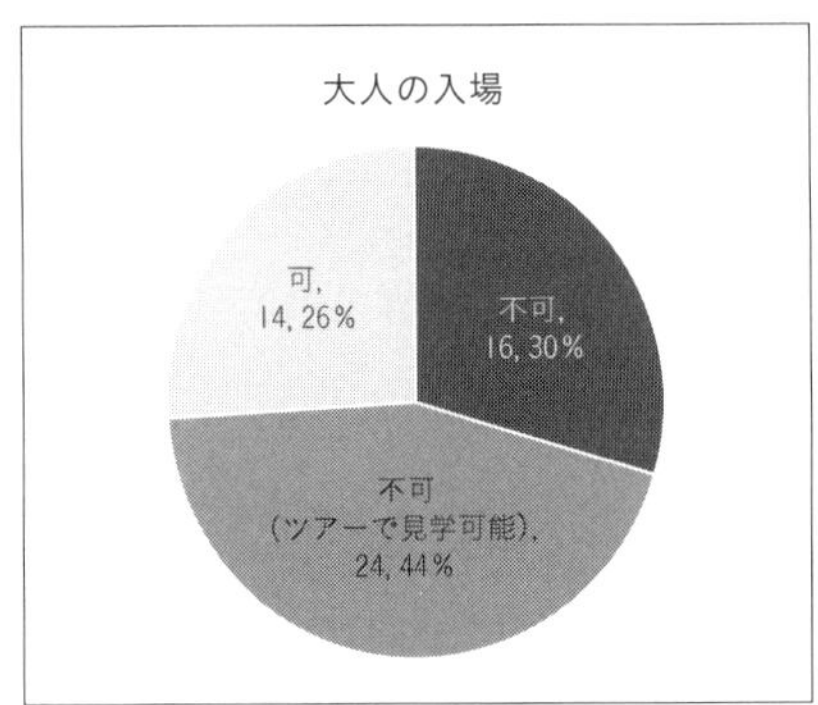

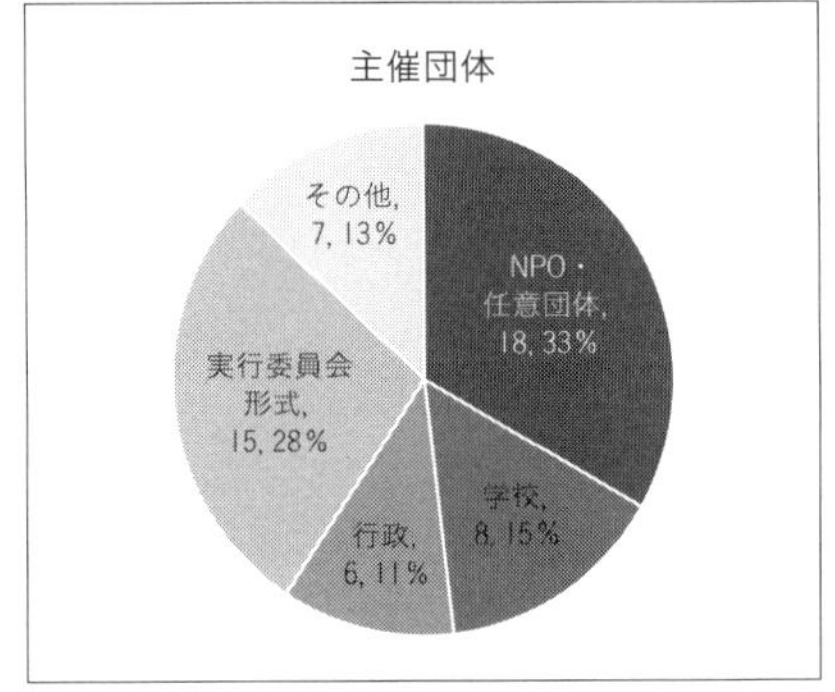

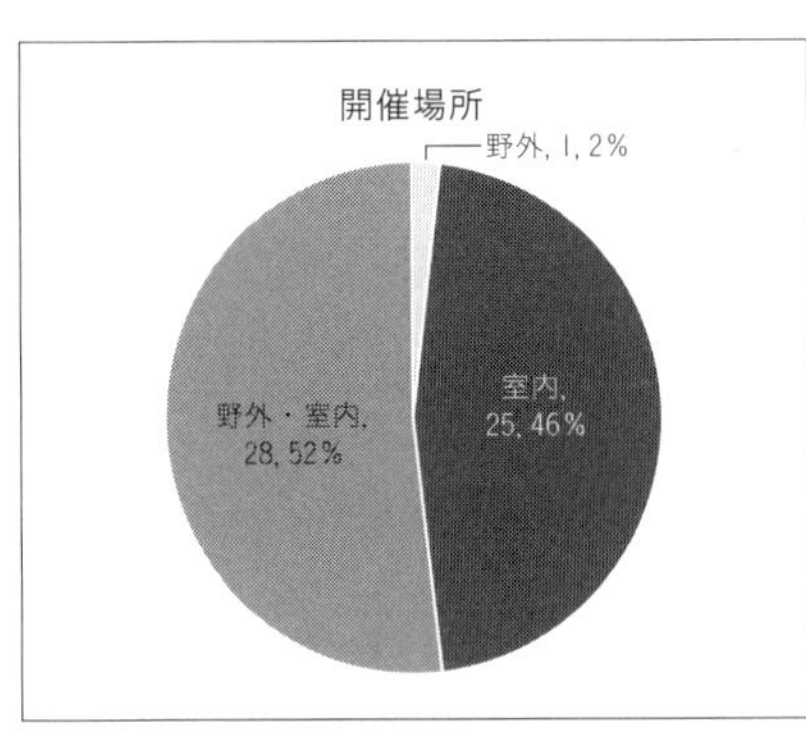

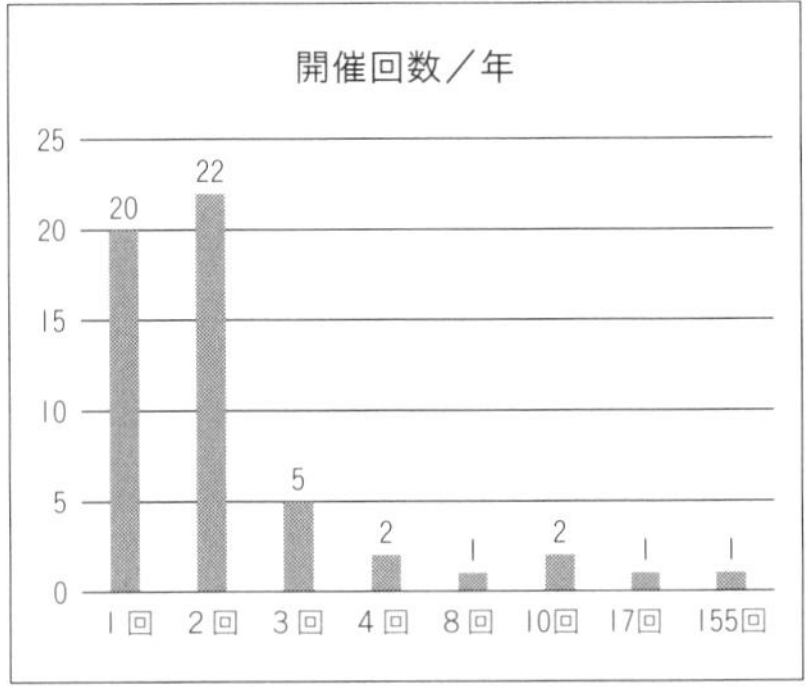

子ども会議・選挙の有無について

「こどものまち」本番前に、子ども会議を実施している団体は、37であり全体の69%であった。また、選挙により子どもの代表を決めている団体は29であり、全体の54%であった。この数値は、ドイツ版「こどものまち」調査に比べ、子ども会議の開催が多く、選挙の開催が少ない傾向にある。子ども会議が多い理由として、ドイツに比べ日本の開催回数（日数）が少ないため、子どもの意見を反映させる機会を増やす場として、子ども会議が開催されるようになったのだと考えられる。

ドイツ―日本「こどものまち」特徴の比較

	ドイツ	日本
開催日数	1週間～4週間（2週間が多い）	1～2日が多い（約7割）
参加人数	1日200～2000人 述べ参加人数　数千～3万人	1日最大1000人程度 ドイツに比べ小規模
予算	数千万円規模 （ひとりあたり1日2～4千円程度）	数十万～400万程度 （ひとりあたりの金額はドイツと同程度）
予算の構成	公的資金の比率が大きい	参加費・助成金（寄付）の比率が大きい
入場料	1日千円程度 全日程参加で1万5千円程度 ＊ミニ・ミュンヘンは無料	1日千円未満が多い ドイツに比べ低価格の傾向がある
子ども会議	3割の地域で実施	7割の地域で実施
選挙	すべての地域で実施	5割の地域で実施

付録

「こどものまち」参考資料

ミニたまゆり　第１回子ども会議マニュアル
ミニたまゆり2019　募集チラシ
ミニヨコハマシティ2023　大人スタッフ・マニュアル
日本の「こどものまち」関連のヒストリー
日本版「こどものまち」の主催組織とその特徴（2010版）
日本版「こどものまち」の主催組織とその特徴（2020版）
ドイツ版「こどものまち」の主催組織とその特徴（2021版）
ドイツ―日本「こどものまち」特徴の比較

著者プロフィール

番匠　一雅
（ばんしょう　かずまさ）

田園調布学園大学　子ども未来学部　教授。20年前に「こどものまち」に出会い、以降、「こどものまち」の可能性を信じ、実践者・研究者として活動を継続。「かながわ子ども合衆国」「ベトナム社会主義共和国日本文化実践講座ミニフエ」「全国VRこどものまちサミット」「世界こども地域合衆国サミット」を企画・運営。近年は、「こどものまち」を全国に広げるために主催団体の支援や、国・行政へのロビー活動を行っている。

本書は、私にとって、2008年の『地域で遊んで学ぶ、キャリア教育』に続く、２冊目の「こどものまち」書籍となります。当時は、子どものキャリア教育に焦点を当てて執筆しましたが、本書では、「こどものまち」の可能性をさまざまな事例を踏まえて余すことなく紹介しています。本書を手に取っていただき、子どもへの働きかけに役立ててもらえれば幸いです。

bansho@dcu.ac.jp

岩室　晶子
（いわむろ　あきこ）

名古屋出身。愛知芸術大学作曲科中退後、メーザーハウス特待生になり関東へ。音楽制作や演奏活動（クイズヘキサゴンの音楽編曲担当をしていた2008年年間オリコン編曲家ランキング１位）。子育て中にNPO活動に出会い、地域活動多数。NPO法人ミニシティ・プラスの事務局長、NPO法人I Loveつづき理事長、NPO法人都筑文化芸術協会副理事長、日本ナポリタン学会副会長。

「こどものまち」を実施してきて、もっと深く研究したいと、田園調布学園大学大学院に通い修士論文をかきました。

私がやっているのは子育て支援や子ども支援ではないです。子どもを「まち」の中の大切なひとりとして、一緒にまちづくりをする仲間に誘いたいのです。次世代に引き継ぐためにもこの本を出すことは念願でした。ぜひ多くのみなさんに読んで欲しいです。

花輪　由樹
（はなわ　ゆき）

金沢大学　人間社会学域　学校教育系　家政教育専修　准教授。こどものまち研究家。子どもが地域づくり・まちづくりに関わることが、生活者として生きる上でいかに重要であるかという家政学の視点から、「こどものまち」を探っている。これまでドイツのMini-Münchenには2010年より毎回訪れており、日本の「こどものまち」も累計81ヶ所の調査を行っている。

いつか「こどものまち」の本を書けたらと願っていましたが、博士論文を書いてから10年後、その夢が叶いました。今回は４人で主に執筆していますが、その背景にはそれぞれが各地で関わっている人々がいて、そういった沢山の想いも集約された本となりました。これからも「こどものまち研究家」として、子どもたちの「おねだり」が叶う「こどものまち」を覗きに、各地に遊びに出向きたいなと思います。

小田奈緒美
（おだ　なおみ）

金城学院大学　生活環境学部　生活マネジメント学科　准教授。家庭科と社会科の教員免許を取得後、愛知県内の高校にて非常勤講師をしつつ、大学院で子どものキャリア形成や生活環境を学ぶ。博士課程修了後、椙山女学園大学でユニーや高島屋と協働して購買行動に関する社会実験、愛知教育大学でICTを活用した遠隔授業の効果を研究。就実短期大学以降は、体験型消費者教育イベント「キッズタウン」を岡山、名古屋で主催。

博士課程を卒業後に研究テーマとして選んだのが「こどものまち」でした。2008年にMini-Münchenを訪れて以降、ドイツや日本各地の「こどものまち」を視察し、主催者の方の大変さをお聞きする一方で、子どもたちの楽しそうな様子を見るのが楽しみになっています。紹介しきれなかったまちのようすは、データベースにまとめていきたいと思います。

「こどものまち」で世界が変わる——日本中に広がる その可能性

2024 年 3 月 28 日　第 1 刷発行

共　著　番匠 一雅　岩室 晶子　花輪 由樹　小田 奈緒美

発行者　谷　安正
発行所　萌文社
〒102-0071　東京都千代田区富士見 1-2-32　東京ルーテルセンタービル 202 号
TEL：03-3221-9008　FAX：03-3221-1038
Email：info@hobunsya.com　URL：https://www.hobunsya.com/
郵便振替　00910-9-90471

編集　北方　美穂
組版　いりす
表紙カバーのイラスト　シュンミン
本文イラスト　橋本みなみ
装丁　椙澤清次郎
印刷・製本　シナノ印刷株式会社

ISBN978-4-89491-410-0